Reihe
Fischer

Antonio
Gramsci
Briefe
aus dem
Kerker

S. Fischer

Herausgegeben und übersetzt
von Gerhard Roth

© by Istituto Gramsci, Roma
Deutsche Ausgabe:
© S. Fischer Verlag GmbH, Frankfurt am Main 1972
Gesamtherstellung Georg Wagner, Nördlingen
Printed in Germany 1972
ISBN 3 10 027301 X

Vorwort

Die hier vorgelegte Auswahl der Briefe, die der italienische Philosoph und Politiker Antonio Gramsci aus den Gefängnissen des faschistischen Italien an Familienangehörige und Freunde schrieb, verfolgt in erster Linie das Ziel, das Interesse an der Person und dem Werk des Mannes zu wecken, der neben Georg Lukács der wohl bedeutendste marxistische Philosoph der Zeit zwischen den beiden Weltkriegen war und der zugleich, wenn auch post mortem, den Prozeß der Befreiung des Marxismus aus den erstarrten Formen der stalinistischen Orthodoxie entscheidend mitbestimmte. Erstaunlich ist, daß das Studium und die kritische Rezeption der Philosophie und politischen Theorie Gramscis in der Bundesrepublik einen im Vergleich mit vielen anderen Ländern immer noch bescheidenen Umfang einnimmt. Ein wesentlicher Grund scheint in der besonderen Natur der Philosophie Gramscis zu liegen, insofern diese nicht ein in sich geschlossenes und leicht applizierbares System darstellt, sondern ein Mosaik zahlloser Einzelaufsätze, Notizen und Anmerkungen, das Gramsci während seiner Gefängnishaft zwischen 1929 und 1935 in den ›Gefängnisheften‹ zusammentrug. Aus diesem Mosaik die spezifische Deutung des Marxismus und das daraus resultierende Modell gesellschaftlich-politischer Veränderung herauszuarbeiten, dazu bedarf es großer philologischer und interpretatorischer Mühe, und von hier aus werden die großen Divergenzen innerhalb der vorliegenden Gramsciinterpretationen verständlich. Die *Briefe aus dem Kerker* sind angesichts dieser Tatsache sehr geeignet, den Zugang zur Phiolosphie Gramscis zu erleichtern und ihr Verständnis zu vertiefen und zugleich wichtige Aufschlüsse über die Entstehung dieser Philosophie und die damit verbundenen technischen und intellektuellen Probleme zu liefern.

Es wäre aber falsch, die *Briefe aus dem Kerker* nur unter diesem Aspekt zu sehen. Sie sind zugleich ein im wirklichen Sinne des Wortes ergreifendes Dokument eines Mannes, der um seiner politischen Überzeugung und der Selbstachtung willen nicht nur die gesellschaftliche und geistige Isolation des Kerkerdaseins ertrug, sondern auch ein bis zur völligen körperlichen Zerrüttung führendes Leiden, dessen tödlichen Ausgang er leicht durch ein Gnadengesuch an Mussolini hätte vermeiden können; der zugleich aber mutlos ist, wenn er anderen Mut machen will, der mehr als unter der Krankheit unter dem Gedanken leidet, von seinen Freunden, seiner Familie und besonders von seiner Frau im Stich gelassen zu sein; der verletzend und ungerecht sein kann und von denen, die ihm ihre Hilfe anbieten, große Opfer zu fordern imstande ist. Mit dieser Auswahl der *Briefe aus dem Kerker* soll nichts weniger unterstützt werden als jene erbauliche Legende vom eisenharten Märtyrer, standhaften Marxisten-Leninisten und treusorgenden Familienvater, die sich bisher als das wirksamste Mittel gegen eine kritische Gramscirezeption erwiesen hat. »Das schlimmste Los, das ein Denker erleiden kann«, – so schreibt Giuseppe Taburrano in Hinblick auf die italienische Gramsciliteratur – »ist nicht, in Vergessenheit zu geraten. Schlimmer als vergessen zu werden ist die Hagiographie«.

Entsprechend den genannten Auswahlkriterien wurde versucht, aus den vielen Hundert Briefen diejenigen auszuwählen, die für das Verständnis der Philosophie Gramscis wichtig sind, besonders diejenigen, die sich auf die Studien zur Geschichte und Funktion der Intellektuellen sowie auf das Verhältnis Gramscis zu seinem großen geistigen Gegenspieler Benedetto Croce beziehen; sowie solche Briefe, die im weiteren Sinne für die Vermittlung des geistigen und politischen Standpunkts Gramscis, seines Charakters und seines Selbstverständnisses von Bedeutung sind. Der Übersetzung wurde die von Sergio Caproglio und Elsa Fubini besorgte Ausgabe *Antonio Gramsci, Lettere dal Carcere,* Turin 1965, zugrundegelegt. Die Numerierung der Briefe in der italienischen Ausgabe (abgekürzt LETT) wurde jeweils am Ende der deutschen Übersetzung angemerkt. Viele Briefe wurden um die Passagen, die nur sachlich-informativen Charakter tragen, gekürzt und die Auslassungen in der üblichen Weise gekennzeichnet. Die Anmerkungen wurden der italienischen Ausgabe entnommen und, soweit nötig, für den deutschen Leser ergänzt. Was zur Person Gramscis für das Verständnis der Briefe wichtig ist, wurde im Anschluß an das Vorwort zu einem kurzen Lebensabriß zusammengefaßt. Ihm seien noch einige Informationen über die Empfänger der Briefe hinzugefügt: *Julija* (›*Giulia*‹, ›*Julka*‹), Gramscis Frau, und ihre Schwester *Tatjana* (›*Tanja*‹) *Schucht* entstammten einer skandinavisch-russischen Emigrantenfamilie. Julija wurde 1896 in Genf geboren. Zu Beginn des Jahrhunderts begab sich die Familie nach Rom, wo Julija an der Musikakademie Santa Cecilia studierte, während sich Tatjana den Naturwissenschaften widmete. Nach der Oktoberrevolution von 1917 kehrte die Familie mit Ausnahme von Tatjana, die in Rom blieb und als Lehrerin am internationalen Institut ›Crandon‹ arbeitete, nach Rußland zurück. Julija lernte Gramsci im Sommer 1922 im Sanatorium ›Serebrjanyj Bor‹ bei Moskau kennen, wo sich neben Gramsci auch Julijas Schwester Jevgenija aufhielt. Der Verbindung mit Gramsci entstammten zwei Kinder: der im August 1924 geborene *Delio* und der im August 1926 geborene *Giuliano*. Im Herbst 1924 kam Julija mit Delio nach Italien, kehrte aber im Sommer 1926 kurz vor der Geburt Giulianos nach Moskau zurück. Wegen eines schweren Nervenleidens konnte sie nicht mehr nach Italien zurückkehren.

Gramsci lernte Tatjana 1925 in Rom kennen. Sie war es, die ihm nach seiner Verhaftung in jeder Weise das Kerkerdasein zu erleichtern suchte. Sie zog nach Mailand, als Gramsci ins dortige Untersuchungsgefängnis eingeliefert wurde, und suchte ihn nach der Verurteilung häufig in Turi und später in Formia und Rom auf. Nach Gramscis Tod kehrte sie im Besitz der 33 ›Gefängnishefte‹ nach Moskau zurück. Sie starb 1943.

Weiterhin sind zu erwähnen Gramscis jüngerer Bruder *Carlo*, der zuerst als Genossenschaftsinspektor auf Sardinien, später in Mailand tätig war, von wo aus er sich mit Tatjana um Gramsci bemühte; die jüngere Schwester *Teresina*, verheiratete Paulesu und Postangestellte in Ghilarza, dem Wohnort der Familie Gramsci; *Piero Sraffa*, geboren 1898 in Turin, wo er 1919 Gramsci kennenlernte und mit diesem der sozialistischen Studentengruppe angehörte. Er war an den Universitäten Perugia und Cagliari tätig, bis er 1927 einen Ruf nach Cambridge für politische Ökonomie erhielt. Er unterstützte in großzügiger Weise den eingekerkerten Gramsci und setzte sich für ihn nachdrücklich in der internationalen Öffentlichkeit ein; *Giuseppe Berti*, geboren 1901 in Neapel, befand sich mit Gramsci unter den 1926 nach Ustica verbannten Führern der KPI. Er wurde wegen antifaschistischer Aktivität verurteilt, 1930 aber freigelassen, woraufhin er nach

Frankreich und später in die USA emigrierte. Nach dem Kriege kehrte er nach Italien zurück und wurde Abgeordneter und Senator.

Noch ein Wort zur Übersetzung: es war nicht leicht, die oft unter Zeitnot geschriebenen und zu kompliziertem Satzbau neigenden Briefe in ein verständliches Deutsch zu übersetzen. Im Zweifelsfalle wurde der leichteren Lesbarkeit und Verständlichkeit der Vorzug vor der wortgetreuen Übersetzung gegeben. Der Übersetzer glaubte dies angesichts des Briefcharakters des Textes verantworten zu können.

Gerhard Roth

Antonio Gramsci wurde am 22. Januar 1891 in Ales auf Sardinien geboren. Sein Elternhaus war durchaus bürgerlich: der Vater Francesco Gramsci war Leiter des örtlichen Registeramtes, der Großvater war Gendarmenoberst gewesen. Auch die Mutter Giuseppina geb. Marcias entstammte einer Familie bescheidenen Wohlstandes. Als jedoch infolge einer politischen Intrige der Vater seine Stellung verlor und zu einer Gefängnisstrafe verurteilt wurde, kehrte die Not ein, und Gramsci mußte schon als Kind mit für den Lebensunterhalt der Familie sorgen. Trotz dieser schwierigen Verhältnisse und eines körperlichen Leidens, das er sich als Vierjähriger durch einen Unfall zugezogen hatte, besuchte er die höhere Schule und legte 1911 in Cagliari, der Provinzhauptstadt, das Abitur ab.

Nach Erhalt eines mageren Stipendiums begann er in Turin mit dem Studium und widmete sich der Philosophie, der Geschichte und besonders der Sprachwissenschaft. Ende 1913 trat er in die sozialistische Partei Italiens ein und schrieb seine ersten Artikel für verschiedene sozialistische Blätter wie ›Grido del Popolo‹ und ›Avanti!‹. 1915 war er angesichts der kläglichen finanziellen Lage und eines sich ständig verschlimmernden nervösen Leidens zum Abbruch seines Studiums gezwungen. Er wurde ständiger Mitarbeiter der genannten Zeitungen und wurde über Turin hinaus mit seinem im November 1917 erschienenen Artikel ›La rivoluzione contro il Capitale‹ (Die Revolution gegen das Kapital) bekannt, in dem er die erfolgreiche russische Oktoberrevolution als Sieg des voluntaristischen Marxismus Lenins über den Determinismus der zweiten Internationale – für Gramsci verkörpert im Marxschen Kapital – verstand.

Im Jahre 1919 gründete er zusammen mit Palmiro Togliatti, Angelo Tasca und Umberto Terracini die Wochenzeitung ›Ordine Nuovo‹ (Neue Ordnung), in der er im Anschluß an die russischen ›Sowjets‹ die Theorie der Fabrikräte (Consigli di fabbrica) entwickelte. Der Versuch, diese Theorie in den norditalienischen Industriestreiks des Jahres 1920 zu verwirklichen, scheiterte mit dem Zusammenbruch der Streiks. Ende des Jahres schloß sich die ›Ordine-Nuovo‹-Gruppe innerhalb der sozialistischen Partei mit den sog. Abstentionisten Amadeo Bordigas zur kommunistischen Fraktion zusammen, aus der im Januar 1921 auf dem Parteikongreß in Livorno die Kommunistische Partei Italiens hervorging. In der neugegründeten Partei konnte sich die ›Ordine-Nuovo‹-Gruppe jedoch nicht gegen die Bordiga-Anhänger durchsetzen. Besonders in Hinblick auf taktische Fragen im Kampf gegen den erstarkenden Faschismus kam es zu tiefgreifenden Meinungsverschiedenheiten, da Bordiga sich der von der Kommunistischen Internationale proklamierten ›Einheitsfront-Taktik‹ nicht beugen wollte. Als Delegierter der KPI für das Exekutivkomitee der Komintern ging Gramsci im Mai 1922 nach Moskau. Dort lernte er während eines Erholungsaufenthaltes im Sanatorium ›Serebrjanyj Bor‹ seine spätere Frau Julija Schucht kennen. Inzwischen gelangte in Italien Mussolini durch den ›Marsch auf Rom‹ (am 28. Oktober 1922) an die Macht, und die ersten Verhaftungen kommunistischer Führer begannen. Ende 1923 begab sich Gramsci nach Wien und kehrte nach seiner Wahl zum Abgeordneten nach Italien zurück. In der Folgezeit gelang es ihm, zusammen mit den ehemaligen Angehörigen der ›Ordine-Nuovo‹-Gruppe, den Einfluß Bordigas in der Partei zurückzudrängen und als neuer Generalsekretär die abstentionistische Gruppe auf dem dritten Parteikongreß von Lyon (1926) endgültig in die Minderheit zu drängen.

Aufgrund der inzwischen von Mussolini erlassenen Sondergesetze zum Schutz des faschistischen Staates wurde Gramsci am 8. November 1926 verhaftet und zusammen mit anderen führenden Kommunisten auf die nördlich von Palermo gelegene Insel Ustica deportiert. Von dort aus brachte man ihn nach Mailand ins Untersuchungsgefängnis. 1928 wurde er in Rom im Prozeß gegen die Führung der KPI wegen Anstiftung zum Bürgerkrieg zu 20 Jahren Zuchthaus verurteilt. Die ersten Jahre nach der Verurteilung verbrachte er im Sondergefängnis von Turi in der Nähe von Bari. 1929 erhielt er die Erlaubnis, in der Zelle zu studieren und zu schreiben, und begann die Arbeit an den sog. ›Gefängnisheften‹ (Quaderni del Carcere). Sein seit Jahren angegriffener Gesundheitszustand verschlimmerte sich jedoch schnell, aber man verweigerte ihm die notwendige Spezialbehandlung, da er ein Gnadengesuch an Mussolini ablehnte. Erst aufgrund eines internationalen Protestes, dem sich u. a. Romain Rolland, Henri Barbusse und der Erzbischof von Canterbury anschlossen, brachte man ihn im Dezember 1933 in eine Privatklinik bei Formia, außerdem gewährte man ihm bedingte Haftaussetzung. 1935 wurde er in die Klinik ›Quisisana‹ nach Rom eingeliefert, jedoch kam jede ärztliche Hilfe zu spät. Gramsci starb sechsundvierzigjährig am 27. April 1937.

Rom, den 20. November 1926

Meine liebste Julka,

Erinnerst Du Dich an einen Deiner letzten Briefe? (Es war zumindest der letzte Brief, den ich bekommen und gelesen habe). Du schriebst mir, wir beide seien noch jung genug, um hoffen zu können, daß wir miteinander unsere Kinder aufwachsen sehen. Jetzt mußt Du Dich daran ganz stark erinnern, Du mußt daran jedesmal mit aller Kraft denken, wenn Du an mich und die Kinder denkst. Ich bin sicher, daß Du stark und mutig sein wirst wie immer. Du wirst es noch in größerem Maße als früher sein müssen, damit die Kinder gut aufwachsen und sich in allem Deiner würdig erweisen. Ich habe in diesen Tagen sehr, sehr viel an Dich gedacht. Ich habe mir vorzustellen versucht, wie sich Euer zukünftiges Leben gestalten wird, denn ich werde sicher lange ohne Nachricht von Euch bleiben. Ich habe über die Vergangenheit nachgedacht und daraus Kraft und unendliches Vertrauen geschöpft. Ich bin stark und werde es bleiben. Ich liebe Dich sehr und will unsere kleinen Kinder einmal wiedersehen. Ich mache mir ein wenig Sorgen um die materiellen Dinge: wird Deine Arbeit für alle reichen? Ich denke, daß es für uns keine Schande wäre, von anderen Hilfe zu fordern. Ich möchte Dich davon überzeugen, damit Du mir Recht gibst und Dich an meine Freunde wendest. Ich wäre dann ruhiger und stärker, wenn ich wüßte, daß Du vor allen Eventualitäten geschützt bist. Mein Verantwortungsgefühl als ernsthafter Vater setzt mir also noch zu, wie Du siehst.

Liebste, ich möchte Dich auf keinen Fall verwirren: ich bin ein bißchen müde, denn ich schlafe nur sehr wenig und schaffe es deshalb nicht, all das zu schreiben, was ich möchte und wie ich es möchte. Ich will Dich ganz stark meine Liebe und mein Vertrauen spüren lassen. Umarme alle bei Dir zu Hause. Ich drücke Dich mit der größten Zärtlichkeit zusammen mit den Kindern an mich.

Antonio

LETT 2

Ustica, den 9. Dezember 1926

Liebste Tatjana, ich bin am 7. [Dezember] in Ustica angekommen und habe am 8. Deinen Brief vom 3. erhalten. Ich werde Dir in anderen Briefen sämtliche Reiseeindrükke schildern, sobald sich die verschiedenen Erinnerungen und Gefühle nach und nach in meinem Gehirn geordnet haben und ich mich von den Strapazen und der Schlaflosigkeit erholt habe. Abgesehen von den besonderen Umständen, unter denen sich die Reise abspielte (wie Du Dir vorstellen kannst, ist es auch für einen robusten Menschen nicht gerade angenehm, stundenlang im Personenzug und im Dampfer mit Eisen an den Händen und mit Ketten, die einen an die Handgelenke der Reisegefährten fesseln, zu fahren), war sie sehr interessant und voll verschiedener Motive: von Shakespearschen bis zur Farce: ich weiß nicht, ob ich in der Lage bin, mir z. B. eine nächtliche Szene während des Aufenthalts in Neapel wieder zu vergegenwärtigen, die sich in einem riesigen Raum abspielte, voll von phantastischen Tierpräparaten. Ich glaube, man könnte nur die Totengräberszene im Hamlet damit vergleichen. Der schwierigste Teil der Reise war die Überfahrt von Palermo nach Ustica: viermal sind wir ausgelaufen, und dreimal mußten wir in den Hafen von Palermo zurückkehren, weil der Dampfer nicht gegen den Sturm ankam. Weißt Du, daß ich trotzdem in diesem Monat zugenommen habe? Ich selbst bin überrascht, daß es mir so gut geht und ich so viel Hunger habe. Ich glaube, in zwei Wochen, wenn ich mich richtig erholt und ausgeschlafen habe, bin ich meine Migräne los und beginne einen ganz neuen Abschnitt meiner molekularen Existenz.

Mein Eindruck von Ustica ist in jeder Hinsicht ausgezeichnet. Die Insel ist 8 Quadratkilometer groß und hat ungefähr 1300 Einwohner, davon 600 Gemeinverbrecher, d. h. mehrfach rückfällige Verbrecher. Die Bevölkerung ist sehr höflich. Wir haben uns noch nicht alle ganz eingerichtet: ich habe zusammen mit den anderen Freunden zwei Nächte in einem großen gemeinsamen Zimmer geschlafen. Heute befinde ich mich bereits in einem kleinen Hotelzimmer, und vielleicht morgen oder übermorgen werde ich in ein kleines Haus übersiedeln, das gerade für uns eingerichtet wird. Alle behandeln uns mit großer Korrektheit.

Wir leben völlig von den Gemeinverbrechern getrennt, deren Leben ich Dir nicht in wenigen Zügen beschreiben könnte. Erinnere Dich an die Novelle von Kipling: ›Ein seltsamer Ritt‹ in der französischen Ausgabe von *Der Mann, der König sein wollte*[1]. Mir fiel sie ganz plötzlich ein, so sehr war es mir, als erlebte ich sie selbst. Bis jetzt sind wir fünfzehn Kameraden[2]. Unser Leben verläuft sehr ruhig: wir sind damit beschäftigt, die Insel auszukundschaften. Auf ihr kann man recht lange Spaziergänge von 9 bis 10 Kilometern machen, durch reizende Landschaften mit Ausblicken aufs Meer, mit herrlichen Morgendämmerungen und Sonnenuntergängen. Alle zwei Tage kommt der Dampfer und bringt Nachrichten, Zeitungen und neue Kameraden, unter ihnen den Mann von Ortensia[3]; ich habe mich über das Wiedersehen mit ihm sehr gefreut. Ustica ist viel reizvoller, als es auf den Ansichtskarten aussieht, die ich Dir schicken werde. Es ist ein Städtchen sarazenischer Art, malersich und voller Farben. Du kannst Dir nicht vorstellen, mit welcher Freude ich den Ort und die Insel durchstreife und die Meeresluft einatme nach einem Monat des Transports von einem Gefängnis zum anderen, besonders aber nach den 16 Tagen absoluter Isolierung im Regina Coeli[4]. Ich glaube, ich werde noch auf Ustica Meister im Steinweitwurf, denn ich habe schon alle meine Kameraden geschlagen.

Ich schreibe Dir ein bißchen wirr, so wie es mir gerade in den Sinn kommt, denn ich bin noch ein bißchen müde. Liebste Tatjana, Du kannst Dir nicht vorstellen, was in mir vorging, als ich im Regina Coeli auf der ersten Flasche Kaffee Deine Schrift entdeckte und den Namen von Marietta[5]. Ich wurde buchstäblich wieder wie ein Kind. Schau, als ich in der letzten Zeit mit Sicherheit wußte, daß meine Briefe, wie es die Gefängnisvorschriften wollen, gelesen werden, entstand in mir eine Art von Scham: ich bringe es nicht übers Herz, über bestimmte Gefühle zu schreiben, und wenn ich versuche, sie zu verdrängen, um mich der gegebenen Situation anzupassen, komme ich mir wie ein Heuchler vor. Deshalb werde ich mich darauf beschränken, Dir einiges über meinen Aufenthalt im Regina Coeli zu schreiben, soweit Du mich danach fragtest. Die Wolljacke habe ich erhalten, sie hat mir sehr gute Dienste getan, ebenso die Strümpfe usw. Ohne diese Sachen hätte ich sehr gefroren, denn ich bin mit einem leichten Mantel losgefahren, und als ich während des Überfahrt-Versuchs von Palermo nach Ustica ganz früh aufstand, war es eiskalt. Ich habe die Kuchenteller bekommen, ich mußte sie aber zu meinem Bedauern in Rom lassen, weil ich mein ganzes Gepäck in einen Kopfkissenbezug (der mir unschätzbare Dienste erwies) stecken mußte und ich sicher war, daß sie dort zerbrächen. Die

Cirio-Marmelade, die Schokolade und das Spanische Brot habe ich dagegen nicht bekommen, denn diese Sachen waren verboten: ich habe gesehen, wie sie in der Liste aufgeführt waren, aber mit der Bemerkung, daß sie nicht passieren dürften. Ebenso habe ich die Kaffeebecher nicht bekommen, aber ich habe mich mit einem Service aus einem halben Dutzend Eierschalen beholfen, die ich höchst kunstvoll mit einem Fuß aus Brotkrumen versah. Du warst offensichtlich besorgt darüber, daß ich fast ausschließlich kalte Mahlzeiten bekam, aber das war nicht schlimm, denn nach den ersten Tagen habe ich immer mindestens das Doppelte von dem gegessen, was ich sonst in der Trattoria aß, und mir ist das nicht schlecht bekommen. Von meinen Freunden hingegen mußte ich erfahren, daß sie Beschwerden hatten und eine Menge Abführmittel nahmen. Ich komme immer mehr zu der Überzeugung, daß ich widerstandsfähiger bin, als ich je gedacht hätte, denn ich habe im Unterschied zu allen anderen nur eine simple Müdigkeit davongetragen. Ich versichere Dir, daß ich mich, abgesehen von ganz wenigen Stunden im Dunkeln, als man uns eines Abends das Licht in unseren Zellen ausdrehte, immer sehr wohl gefühlt habe. Meine Begabung, allem, was sich abspielt, eine komische und lustige Seite abzugewinnen, verließ mich nicht und erhielt mir trotz allem meinen Humor. Ich habe ständig oder doch fast ständig in Illustrierten oder Sportzeitungen gelesen und war dabei, mir eine Bibliothek zusammenzustellen. Ich habe hier folgendes Programm entworfen: 1. meine Gesundheit aufbessern, 2. mit Methode und Energie Deutsch und Russisch lernen, 3. mich mit Ökonomie und Geschichte beschäftigen. Untereinander machen wir zweckmäßige Gymnastik usw. Man muß sich in diesen ersten Tagen bis zur endgültigen Unterbringung irgendeine Beschäftigung geben. Ich möchte gern einen Reisesack haben, der aber irgendwie abschließbar ist. So etwas ist viel besser als ein Koffer oder eine Kiste für den nicht auszuschließenden Fall, daß ich noch zwischen den Inseln oder auf dem Festland herumreisen muß. Ebenso benötige ich all die kleinen Sachen wie den Sicherheitsrasierapparat mit auswechselbarer Klinge, Nagelschere, Nagelfeile usw., Sachen, die man immer braucht, die es aber hier nicht zu kaufen gibt. Ich brauche auch einige Röhrchen Aspirin für den Fall, daß ich von den heftigen Winden hier Zahnschmerzen bekomme. Um meinen Anzug, den Mantel und die zurückgebliebene Wäsche kümmerst Du Dich ja wohl. Schick mir bitte sofort, wenn Du kannst, die Deutsch- und eine Russisch-Grammatik, das Deutsch-Italienisch- und Italienisch-Deutsch-Wörterbuch und einige Bücher (*Max und Moritz* — und die *Geschichte der italienischen Literatur* von Vossler, falls Du sie unter meinen Büchern findest). Schick auch den dicken Band mit den Aufsätzen und Studien über das italienische Risorgimento, das, glaube ich, den Titel trägt *Storia politica del secolo XIX*, und ein Buch mit dem Titel *R. Ciasca: La formazione del programma dell' unità nazionale* oder so ähnlich. Ansonsten such Du irgend etwas heraus. Schreib bitte Du diesmal an Giulia, ich werde nicht mit jenem Gefühl der Scham fertig, von dem ich vorhin gesprochen habe. Ich war sehr froh über die guten Nachrichten von Delio und Giuliano. Ich warte auf die Fotos. Die Anschrift, die Du benutzt, ist genau richtig, wie Du gesehen hast. Mit der Post geht es hier ganz einfach zu, denn ich gehe zum Schalter und frage nach der Post wie bei postlagernden Briefen, und in Ustica gibt es nur ein Postamt. Was die aufgegebenen Telegramme betrifft, so war ich ziemlich sicher, daß das Telegramm aus Rom über meine Abfahrt zu spät kommen würde, aber ich wollte auf jeden Fall Bescheid geben und schloß auch nicht aus, daß es noch ein Gespräch hätte ermöglichen können für den Fall, daß der Empfänger wußte, daß man noch bis 11 Uhr abends kommen konnte. Von fünf zur Abfahrt Bestimmten erhielt nur Molinelli, der immer zusammen mit mir gereist ist, Besuch von seiner Frau, die anderen keinen.

Liebste Tatjana, auch wenn ich Dir noch nicht geschrieben hatte, so darfst Du nicht glauben, ich hätte Dich auch nur eine Minute lang vergessen oder nicht an Dich gedacht. Du hast es ganz richtig gesagt, denn alles, was ich erhielt und was die Zeichen Deiner lieben Hände trug, war mehr als nur ein Gruß, es war auch eine zärtliche Liebkosung. Ich hätte gern die Anschrift von Marietta. Vielleicht schreibe ich auch an Nilde[6], was meinst Du? Wird sie sich an mich erinnern und sich über einen Gruß von mir freuen? Das Briefeschreiben und -bekommen ist einer der wichtigsten Momente in meinem Leben geworden.

Liebste Tatjana, ich habe Dir ein bißchen wirr geschrieben. Ich glaube, heute am 10. wird der Dampfer nicht zu uns durchkommen, denn es herrschte die ganze Nacht hindurch ein außerordentlich heftiger Wind, der mich nicht schlafen ließ, obwohl mein Bett und die Kissen sehr weich waren, was ich gar nicht mehr gewohnt war. Es ist ein Wind, der durch alle Ritzen des Balkons, des Fensters und der Türen mit Sausen und Trompetenschall ganz malerisch hindurchdringt, aber doch ziemlich stört. Schreib bitte Giulia und sag ihr, daß es mir in jeder Hinsicht wirklich gut geht und daß mein Aufenthalt hier, von dem ich übrigens nicht annehme, daß er so lange dauern wird, wie es die Ordonnanz will, mich von allen alten Übeln befreien wird. Vielleicht brauchte ich ganz notwendig gerade eine solche Zeit absoluter Ruhe.

Ich umarme Dich zärtlich, Liebste, denn mit Dir umarme ich alle meine Lieben.

Antonio

Falls Nilde sich über meine Grüße freut, so schick mir doch ihre Adresse.

LETT 4
[1] ›L'étrange chevauchée de Marrowhie Jukes‹ in: *L'homme qui voulut être roi*, Paris 1901, S. 89 ff. In einem Abschnitt dieser Erzählung ist die Rede von einem Ort, »wo die Toten, die nicht tot sind, aber nicht mehr leben können, ihren Aufenthalt gefunden haben«.
[2] D. h. die mit Gramsci verhafteten Führer der KPI.
[3] Amadeo Bordiga (vgl. biogr. Notiz).
[4] Gefängnis von Rom, in dem Gramsci bis zu seiner Deportation nach Ustica untergebracht war.
[5] Marietta Bucciarelli, die für Gramsci vor seiner Verhaftung gesorgt hatte.
[6] Leonilde Perilli, Studienkameradin von Julijas und Tatjanas Schwester Jevgenija an der Akademie der schönen Künste in Rom. Tatjana wohnte lange Jahre bei ihr.

Ustica, den 11. 12. 1926

Liebster Freund,
ich bin am 7. Dezember nach einer, wie Du Dir vorstellen kannst ziemlich beschwerlichen, aber sehr interessanten Reise in Ustica angekommen. Gesundheitlich geht es mir sehr gut. Ustica wird für mich, rein körperlich gesehen, ein ziemlich angenehmer Aufenthaltsort sein, denn das Klima ist sehr günstig, und ich kann sehr erholsame Spaziergänge machen. Was die allgemeine Bequemlichkeit betrifft, so stelle ich, wie Du weißt, keine großen Ansprüche und kann mit ganz Wenigem auskommen. Mir macht ein bißchen das Problem der Langeweile zu schaffen, das

nicht einzig und allein durch die Spaziergänge und den Kontakt mit den Kameraden aus der Welt geschafft werden kann: wir sind bis jetzt zu vierzehn, darunter Bordiga. Ich wende mich an Dich mit der Bitte, mir ein paar Bücher zu schicken. Ich möchte gern ein Lehrbuch über Ökonomie und Finanzwissenschaft haben: ein grundlegendes Buch, das Du bitte nach eigener Kenntnis auswählst. Wenn es Dir möglich ist, schick mir einige Bücher und Zeitschriften über allgemeine Kulturfragen, die Du als für mich interessant ansiehst. Liebster Freund, Du kennst meine familiäre Situation und weißt, wie schwer es für mich ist, Bücher von jemand anderem als von persönlichen Freunden zu erhalten. Glaub mir, daß ich nicht gewagt hätte, Dich mit so etwas zu belasten, wenn ich nicht von der Notwendigkeit getrieben wäre, dies Problem intellektueller Verarmung zu lösen, das mich sehr besorgt. Ich umarme Dich aufrichtig.

A. Gramsci

Meine Adresse: A. G. – Ustica (Prov. Palermo).

LETT 5
An Piero Sraffa. Sraffa eröffnete Gramsci bei der Mailänder Buchhandlung Sperling & Kupfer ein unbegrenztes Konto.

[Mailand] 19. III. 1927

Liebste Tanja,

in dieser Woche habe ich von Dir zwei Postkarten erhalten, eine vom 9. und die andere vom 11. März. Den von Dir erwähnten Brief habe ich jedoch nicht erhalten. Ich dachte, man würde mir Deine Post von Ustica nachschikken, und tatsächlich ist für mich von der Insel ein Paket angekommen, und der Angestellte, der es mir aushändigte, sagte mir, daß in dem Paket auch ungeöffnete Briefe und Postkarten gewesen seien, die aber noch durch das Kontrollbüro laufen müßten. Ich hoffe, sie in ein paar Tagen zu bekommen.

Vielen Dank für die Nachrichten von Giulia und den Kindern. Ich schaffe es immer noch nicht, Giulia direkt zu schreiben, denn ich erwarte noch Briefe von ihr, auch wenn sie schon lange auf sich warten lassen. Ich kann mir nicht nur ihren körperlichen, sondern auch ihren geistigen Zustand aus vielen Gründen vorstellen. Diese Krankheit muß sehr beängstigend gewesen sein. Armer Delio: vom

Scharlach zur Grippe in so kurzer Zeit! Schreib bitte Du der Großmutter Lula[1] und bitte sie, mir einen langen Brief, entweder auf französisch oder italienisch, zu schreiben und mir ganz genau das Leben der Kinder zu schildern. Ich bin zu der Überzeugung gelangt, daß die Großmütter realistischer und konkreter als die Mütter das Leben und Treiben der Kinder beschreiben können; sie sind objektiver und haben dazu noch die Erfahrung eines ganzen Lebens. Mir scheint, daß die Zuneigung der Großmütter tiefer ist als die der Mütter (Giulia soll sich davon aber nicht beleidigt fühlen und mich für böser halten als ich bin).

Was Giuliano betrifft, so kann ich Dir keinen Rat geben. In dieser Beziehung habe ich mich schon einmal mit Delio vertan. Wenn ich mit ihm zusammen wäre, könnte ich ihm irgend etwas Passendes basteln. Entscheide Du nach Deinem Geschmack und such etwas in meinem Namen aus. Ich habe in den vergangenen Tagen einen Ball aus Pappmaché gebastelt, der gerade trocken wird, aber es wird wohl nicht möglich sein, ihn Dir für Delio zu schicken. Im übrigen weiß ich auch gar nicht, wie ich ihn lackieren soll, und ohne Lack weicht er leicht wieder auf.

Mein Leben verläuft ganz eintönig. Auch das Studium fällt schwerer als man meinen sollte. Ich habe einige Bücher bekommen und lese wahrhaftig viel (mehr als einen Band pro Tag, die Zeitschriften nicht gerechnet), aber ich möchte eigentlich nicht darauf hinaus, ich habe etwas anderes vor: ich bin gequält – und das ist, glaube ich, typisch für die Eingekerkerten – von folgender Idee: daß man etwas ›für ewig‹[2] machen müßte, entsprechend einem tiefsinnigen Gedanken Goethes, der, wenn ich mich recht erinnere, unserem Pascoli[3] sehr zu schaffen machte. Kurz, ich möchte mich nach einem festumrissenen Plan intensiv und systematisch mit einem bestimmten Gegenstand beschäftigen, der mich ganz in Anspruch nimmt und Ordnung in mein Innenleben bringt. Ich habe bis jetzt an vier Themen gedacht – und das ist schon ein Zeichen dafür, daß es mir nicht gelingt, mich zu beschränken –, und zwar: 1. eine Untersuchung über die Ausbildung des öffentlichen Geisteslebens im Italien des vorigen Jahrhunderts; oder mit anderen Worten: eine Untersuchung über die italienischen Intellektuellen, ihre Ursprünge, ihre Gruppierungen entsprechend den verschiedenen Kulturströmungen, ihren verschiedenen Denkweisen usw. Ein höchst fesselnder Gegenstand, den ich natürlich nur in großen Linien umreißen könnte angesichts der totalen Unmöglichkeit, die riesige Masse an notwendigem Material zur Verfügung zu haben. Erinnerst Du Dich an meine äußerst kurzgehaltene und oberflächliche Schrift über Süditalien und die Bedeutung B. Croces[4]? Also, ich möchte die darin skizzenhaft vertretene These weiter ausbauen, und zwar von einem ›interesselosen‹ Standpunkt aus, ›für ewig‹[5].

2. Eine Studie über vergleichende Sprachwissenschaft! Nichts weniger. Aber was könnte mehr ›interesselos‹ und ›für ewig sein‹ als so etwas? Es würde sich natürlich nur um den methodologischen und rein theoretischen Teil dieses Gegenstandes handeln, der bisher noch nie in vollständiger und systematischer Weise vom Standpunkt der Neolinguisten gegen die Neugrammatiker entwickelt wurde (Dir stehen wohl schon die Haare zu Berge angesichts dieses Briefes, liebe Tanja?). Einer der größten intellektuellen ›Gewissensbisse‹ meines Lebens ist der tiefe Schmerz, den ich meinem guten Professor Bartoli von der Universität Turin zugefügt habe, der nämlich davon überzeugt war, ich sei der vom Schicksal gesandte Erzengel, der die Neugrammatiker endgültig vernichten sollte. Denn er, der derselben Generation angehörte und durch zahllose akademische Bindungen an diese Horde ruchlosester Menschen gebunden war, wollte nicht über eine bestimmte Grenze hinausgehen, die von den Konventionen und der Verehrung der alten Grabmäler der Gelehrsamkeit gesetzt war. –

3. Eine Studie über das Theater Pirandellos und den Wandel des italienischen Theatergeschmacks, den Pirandello repräsentierte und den er zugleich mitbestimmte. Weißt Du, daß ich viel früher als Adriano Tilgher[6] das Theater Pirandellos entdeckt und zu seiner Verbreitung beigetragen habe? Ich habe über Pirandello in den Jahren 1915 bis 1920 soviel geschrieben, daß man davon ein Buch von 200 Seiten machen könnte[7], und damals waren meine Äußerungen einzigartig und ohne Vorbild, denn Pirandello wurde entweder liebenswürdig geduldet oder offen verlacht.

4. Ein Essay über den Trivialroman und den literarischen Geschmack des Volkes. Diese Idee kam mir, als ich vom Tode Serafino Renzis las, dem Prinzipal eines Volkstheaters, das so etwas wie ein theatralischer Reflex des Trivial-

romans war, und dabei erinnerte ich mich, wieviel Spaß ich hatte, wenn ich sein Theater besuchte, denn es gab zwei Vorstellungen zur gleichen Zeit: die Aufregung, die entfesselten Leidenschaften und das Eingreifen der Publikumsmassen waren nicht weniger interessant als das Stück selbst.

Was hältst Du von alledem? Im Grunde haben die vier Gegenstände bei genauerer Betrachtung etwas gemeinsam: der schöpferische Volksgeist in seinen verschiedenen Phasen und Entwicklungsstufen liegt allen in gleichem Maße zugrunde. Schreib mir bitte Deine Eindrücke; ich halte viel von Deinem gesunden Menschenverstand und Deiner Urteilskraft. Habe ich Dich gelangweilt? Weißt Du, das Schreiben ersetzt mir die Unterhaltung: mir ist, als unterhielte ich mich wirklich mit Dir, wenn ich Dir schreibe; nur reduziert sich alles zu einem Monolog, denn Deine Briefe erreichen mich entweder nicht oder führen nicht das von mir begonnene Gespräch fort. Schreib mir also bitte neben den Karten möglichst lange Briefe, – ich werde Dir jeden Samstag einen Brief schreiben (ich darf pro Woche 2 schreiben) und Dir mein Herz ausschütten. Ich nehme die Erzählung meiner Erlebnisse und Reiseeindrücke nicht wieder auf, weil ich nicht weiß, ob sie Dich interessieren. Sicher haben sie einen persönlichen Wert für mich, insofern sie sich mit bestimmten seelischen Zuständen und Leiden verbinden. Aber um sie auch anderen interessant zu machen, müßte man ihnen eine literarische Form geben. Ich muß mich jedoch mit dem Schreiben beeilen und die kurze Zeit ausnutzen, in der ich Federhalter und Feder zur Verfügung habe. Wie geht es meiner Wirtin? Ist sie etwa gestorben? Ich habe immer vergessen, Dich danach zu fragen. Anfang Januar erhielt ich auf Ustica einen Brief von Herrn Passarge, der verzweifelt war und mit dem baldigen Tod seiner Frau rechnete. Danach hörte ich nichts mehr. Arme Frau, ich fürchte, das Erlebnis meiner Festnahme hat ihr Leiden beschleunigt, denn sie hatte mich sehr gern und war so bleich, als man mich wegbrachte.

Ich umarme Dich, meine Liebe. Hab mich lieb und schreib mir.

Antonio

LETT 21
[1] Tatjanas Mutter, bei der die Kinder wohnten.
[2] Im Originaltext deutsch.
[3] Giovanni Pascoli (1855–1912), italienischer Dichter. Gramsci

spielt hier auf das Gedicht ›Per sempre‹ (für immer) in den *Canti di Castelvecchio* an.

4 Gramsci bezieht sich auf die unvollendet gebliebene Arbeit ›Alcuni temi della quistione meridionale‹ (Einige Themen der süditalienischen Frage), die er kurz vor seiner Verhaftung begonnen hatte.

5 Im Originaltext deutsch.

6 A. Tilgher, *Voci del tempo*, Rom 1921; und *Studi sul teatro contemporaneo*, Rom 1923, in denen er auf das Theater Pirandellos eingeht.

7 Gramsci schrieb von 1916 bis 1920 in den Theaterchroniken der Turiner Ausgabe des ›*Avanti!*‹ über zahlreiche Theaterstücke Pirandellos.

2. Mai 1927

Liebste Giulia,

ich glaube, es ist für meine Korrespondenz heilsamer, das Versprechen, das ich Dir gab, nicht einzulösen, nämlich wenigstens die positiven Seiten meines Abenteuers zu beschreiben, denn ich habe immer die fixe Idee, auf einen konventionellen Briefverkehr beschränkt zu sein und, was der schlimmste Konventionalismus ist, auf eine konventionelle Kerkerkorrespondenz. Ich hätte Dir so viele kleine Geschichten zu erzählen gehabt! Hat Tanja Dir die Geschichte von der Verhaftung des Schweins erzählt? Vielleicht nicht, denn Tanja hat sie nicht geglaubt, sie dachte, es handle sich um eine bloße Erfindung von mir, um sie bei Laune zu halten und zum Lachen zu bringen. Übrigens wirst auch Du viele dieser Geschichten nicht glauben (grüne Brillen usw.), die doch gerade deshalb schön sind, weil sie wahr sind (tatsächlich wahr): Du wolltest die Geschichte von den Flugzeugen nicht glauben, die die Vögel mit Leimruten fangen, und den Artikel Lorias[1] darüber, auch wenn die Zeitschrift mit dem entsprechenden Artikel als Beweisstück vorlag. Wie soll ich Dir meine Art zu leben und zu denken begreiflich machen? Einen großen Teil meiner Lebensweise kannst Du Dir selbst vorstellen, z. B. daß ich viel an Dich und an Euch alle denke. Mein äußeres Leben ist ebenfalls leicht vorstellbar. Ich lese viel: in den vergangenen drei Monaten habe ich 82 Bücher aus der Gefängnisbibliothek gelesen, die bizarrsten und extravagantesten (die Auswahl ist sehr beschränkt). Ich habe auch einen bestimmten Teil meiner eigenen Bücher hier, die ein bißchen einheitlicher sind und die ich mit größerer Aufmerksamkeit und Methode studiere. Außerdem lese ich fünf Zeitungen pro Tag und einige Zeitschriften. Weiterhin studiere ich Deutsch und Russisch und lerne eine Erzählung von Puschkin auswendig: ›Das bäuerliche Fräulein‹. Ich habe aber, ehrlich gesagt, festgestellt, daß es sich im Kerker schlecht studiert, und zwar aus vielen technischen und psychologischen Gründen.

Letzte Woche habe ich Deinen Brief vom 15. 3. erhalten. Ich warte mit großer Sehnsucht auf Deine Briefe und bin sehr glücklich, wenn ich sie bekomme. Ich wünschte, Du fändest Zeit, mir Dein Leben zu beschreiben und besonders das von Delio. Aber ich kann mir vorstellen, wie beschäftigt Du sein mußt. Wieviele Dinge wüßte ich gerne!

Weißt Du, als ich Deinen Brief erhielt, in dem Du vom sagenhaften Atlantis sprachst, da hatte ich gerade ein paar Tage zuvor der Bibliothek den Guerrin Meschino zurückgegeben, einen sehr beliebten italienischen Ritterroman, der viel von den Bauern usw., besonders im Süden, gelesen wird. Ich hätte Dir gern einige geographische Passagen aus dem Roman abgeschrieben, die ulkigsten unter ihnen (Sizilien z. B. ist in die Polargegend versetzt), um Dir zu zeigen, daß es jemanden gibt, der von Geographie noch weniger Ahnung hat als Du. Von Geschichte ganz zu schweigen, denn in diesem Fall müßte man den oben erwähnten Prof. Loria zitieren, der in einem Gespräch Ausführungen von der Art machte, daß man annehmen mußte, er glaube, schon zu Julius Cäsars Zeiten habe es Venedig gegeben und man habe damals schon wie heute gesprochen (den »süßen Dialekt der Lagune«, wie er es in seiner eindrucksvollen Dreistigkeit formuliert). Liebe, ich versuche, Dir so lange wie möglich von Dingen zu schreiben, von denen ich glaube, daß sie den Brief nicht abbrechen lassen: deshalb muß ich Dich mit derartigen Dummheiten belästigen. Ich umarme Dich ganz fest

Antonio

LETT 31
[1] Achille Loria (1857–1943), italienischer Ökonom und Soziologe. Gramsci spielt auf einen Aufsatz ›Le influenze sociali dell'aviazione‹ (Die sozialen Einflüsse der Luftfahrt) von 1910 in der ›Rassegna contemporanea‹ an.

Lieber Berti,

ich habe Deinen Brief vom 20. Juni erhalten. Vielen Dank, daß Du mir geschrieben hast. Ich weiß nicht, ob Ventura meine zahlreichen Briefe erhalten hat, denn von Ustica erhalte ich schon seit geraumer Zeit keine Korrespondenz. Im Augenblick mache ich eine gewisse Periode seelischer Niedergeschlagenheit durch, die mit familiären Ereignissen zusammenhängt. Ich bin sehr nervös und erregbar; ich kann mich auf keinen Gegenstand konzentrieren, selbst wenn er so interessant ist wie die Ausführungen Deines Briefes. Andererseits habe ich jeden Kontakt mit Eurem Milieu verloren und kann mir den Charakter der Veränderungen bei den Verbannten nicht vergegenwärtigen. Meiner Meinung nach ist eine der bedeutendsten Tätigkeiten des Lehrkörpers diejenige, die pädagogischen und didaktischen Erfahrungen und Beobachtungen zu registrieren, zu entwickeln und zu koordinieren; nur aus dieser ununterbrochenen Arbeit kann der Schul- und Lehrertyp entstehen, den die Umstände erfordern. Was für ein schönes und nützliches Buch ließe sich über diese Erfahrungen schreiben. Weil dies meine Vorstellungen sind, ist es für mich schwierig, Dir Ratschläge zu geben, um so mehr, Dir – wie Du sagst – eine Reihe von ›genialen‹ Ideen aufzutischen. Ich meine, die Genialität sollte in die ›Grube‹ geworfen und an ihre Stelle die Methode der minuziösesten Erfahrung und der leidenschaftslosesten und objektivsten Selbstkritik angewandt werden. Lieber Berti, denk bitte nicht, ich wollte Dir den Mut nehmen oder das Durcheinander in Dir, von dem Du mir schreibst, noch vermehren. Ich glaube so ungefähr, die Schule müßte aus drei Stufen aufgebaut sein (natürlich Hauptstufen, die wieder in einzelne Kurse unterteilt werden könnten): die dritte Stufe müßte die der Lehrenden oder entsprechend Ausgebildeten sein und also eher in der Art einer Arbeitsgemeinschaft aufgezogen werden als im üblichen Sinne der Schule. Das heißt, jeder Teilnehmer müßte seinen Beitrag in Form eines Referats oder Vortrags über bestimmte wissenschaftliche, historische oder philosophische, besonders aber didaktische und pädagogische Gegenstände leisten. Was den Philosophiekurs betrifft, so denke ich – immer noch ganz vorläufig –, daß die historische Darstellung nur kursorisch sein und man den Schwerpunkt auf die Behandlung eines konkreten philosophischen Systems legen sollte, des Hegelschen, indem man es in all seinen Aspekten gründlich erforscht und einer Kritik unterzieht. Ich würde auch einen Kurs in Logik veranstalten, vielleicht bis ›barbara‹ und ›baralipton‹[1] usw., und einen in Dialektik. Aber über all das können wir noch einmal sprechen, wenn Du mir wieder schreibst.

Lieber Berti, grüß mir alle Freunde. Herzlichst

Dein Antonio

LETT 36
[1] Schlußfiguren der formalen Logik.

20. Februar 1928

Liebste Teresina,
ich habe Deinen Brief vom 30. Januar und das Foto Deiner Kinder erhalten. Ich danke Dir sehr und würde mich sehr freuen, wenn ich weitere Briefe von Dir erhielte.

Das schlimmste Übel meines derzeitigen Lebens ist die Langeweile. Diese immergleichen Tage, diese Stunden und Minuten, die aufeinanderfolgen mit der Monotonie von Wassertropfen, haben mir schließlich die Nerven ruiniert. In den ersten drei Monaten seit meiner Verhaftung war wenigstens etwas los: von einem Ende der Halbinsel zum anderen hin- und hergeworfen, wenn auch unter vielen körperlichen Strapazen, hatte ich keine Zeit zur Langeweile. Immer neue Schauspiele beobachten, neue Typen des Außergewöhnlichen katalogisieren: ich glaubte wirklich, eine phantastische Erzählung zu erleben. Aber jetzt sitze ich hier seit mehr als einem Jahr fest, in erzwungener Muße. Ich darf lesen, aber nicht studieren, weil man mir nicht Feder und Papier gibt, auch wegen der ständigen Überwachung nicht, die vom Chef [Mussolini] angeordnet wurde, weil ich als furchtbares Individuum gelte, das imstande ist, das Land an allen vier Ecken anzuzünden oder ähnliches. Die Korrespondenz ist meine größte Zerstreuung. Aber mir schreiben nur sehr wenige. Seit einem Monat ist auch meine Schwägerin krank, und so habe ich nicht einmal mehr das allwöchentliche Gespräch mit ihr.

Ich sorge mich sehr um Mamas Gesundheitszustand. Andererseits weiß ich auch nicht, wie ich sie beruhigen und trösten soll. Ich möchte sie davon überzeugen, daß ich sehr gelassen bin, was auch der Wahrheit entspricht, aber ich sehe, daß ich das nicht schaffe. Da gibt es einen ganzen

Bereich von Gefühlen und Denkweisen, der eine Art Abgrund zwischen uns bildet. Für sie ist meine Einkerkerung ein schwerer Schlag und ziemlich unverständlich in ihren Ursachen und Wirkungen. Für mich dagegen ist sie eine Episode des politischen Kampfes, der geführt wurde und der nicht nur in Italien, sondern in der ganzen Welt weitergehen wird, wer weiß für wie lange noch. Ich wurde gefangengenommen, so wie man im Krieg in Gefangenschaft geraten konnte, und zwar in dem Bewußtsein, daß so etwas passieren und auch noch schlechter kommen konnte. Aber ich fürchte, Du denkst genauso wie Mama, und diese Erklärungen kommen Dir vor wie ein Rätsel, das einem dazu in einer unbekannten Sprache gegeben wurde.

Ich habe lange das Foto betrachtet und es mit dem verglichen, das Du mir früher geschickt hast. – (Ich mußte den Brief unterbrechen, weil ich mich rasieren lassen mußte. Ich weiß nicht mehr, was ich schreiben wollte, und habe auch keine Lust, darüber nachzudenken. Also ein andermal).

Herzliche Grüße an alle. Ich umarme Dich.

Nino

LETT 82

27. Februar 1928

Liebste Giulia,

ich habe Deinen Brief vom 26. XII. 1927 mit der Notiz vom 24. Januar und dem beigefügten Kärtchen erhalten. Über Deine Briefe war ich wirklich glücklich. Aber ich war schon seit einiger Zeit ruhiger geworden. Ich habe mich in dieser Zeit sehr verändert. Ich glaube an manchen Tagen, apathisch und träge geworden zu sein, aber heute denke ich, daß ich mich in meiner Selbstanalyse geirrt habe. Deshalb glaube ich auch nicht mehr, ohne Orientierung gewesen zu sein. Es handelte sich um eine Krise innerhalb des Widerstandes gegen die neue Lebensweise, die unerbittlich über mich kam unter dem Druck des ganzen Gefängnismilieus mit seinen Vorschriften, seiner Routine, seinen Entbehrungen, seinen Notwendigkeiten; ein riesiger Komplex kleinster Dinge, die mechanisch aufeinanderfolgen, Tag für Tag, Monat für Monat, Jahr für Jahr, immer gleich, immer mit dem gleichen Rhythmus wie die Sandkörner in einer gigantischen Sanduhr. Mein ganzer

physischer und psychischer Organismus wehrte sich hartnäckig mit jedem Molekül gegen die Anpassung an dieses
äußerliche Milieu, aber zuweilen mußte ich zugeben, daß
es einem gewissen Druck gelungen war, den Widerstand
zu brechen und einen bestimmten Bereich in mir zu verändern, und dann kam ein schneller und entschlossener
Stoß, um den Eindringling wieder mit einem Mal zurückzudrängen. Heute hat sich eine ganze Kette von Veränderungen ereignet, weil ich zu dem ruhigen Entschluß gelangt bin, mich nicht mehr gegen das Notwendige und
Unvermeidliche mit den früheren untauglichen Mitteln
zur Wehr zu setzen, sondern den ablaufenden Prozeß mit
einem gewissen ironischen Geist zu beherrschen und kon-
trollieren. Zum anderen habe ich mich davon überzeugt,
daß ich nie ein perfekter Philister sein werde. Ich werde in
jedem Moment fähig sein, mit einem Stoß die Esels- bzw.
Schafshaut abzuwerfen, mit der das Milieu die eigentliche,
natürliche Haut überzieht. Eine Sache werde ich vielleicht
nie erreichen: meiner natürlichen Haut die rauchige Farbe
wiederzugeben. Walja[1] wird mich nie mehr den rauch-
schwarzen Kameraden nennen können. Ich fürchte, daß
Delio trotz Deines Anteils inzwischen brauner ist als ich
(protestierst Du?). In diesem Winter habe ich fast drei
Monate lang die Sonne nur in einigen fernen Reflexen
gesehen. Die Zelle bekommt ein Licht, das eine Mischung
von Kellerlicht und Aquariumsbeleuchtung ist.
Andererseits darfst Du nicht meinen, mein Leben verlaufe
so monoton, wie es auf den ersten Blick scheinen könnte.
Wenn man sich erst einmal ans Aquariumsleben gewöhnt
hat, und wenn die Sinnesorgane darauf eingestellt sind,
die gedämpften und dämmrigen Eindrücke zu erfassen,
die vorbeifließen (immer von einem etwas ironischen
Standpunkt aus betrachtet), dann beginnt das Leben sich
ringsum zu regen mit einer ganz eigenen Lebendigkeit,
mit eigenen Gesetzen und einem eigenen wesentlichen
Lauf. Das ist so, als werfe man den Blick auf einen alten,
von der Zeit und den Unwettern halb verrotteten Baum-
stumpf, und nach und nach hefte sich die Aufmerksamkeit
immer stärker an ihn. Zuerst sieht man nur irgendeinen
feuchten Pilzbelag, dann irgendeine Schnecke, die Schleim
absondert und langsam dahingleitet. Dann sieht man
plötzlich eine Kolonie kleiner Insekten, die hin und her
laufen und sich abmühen und immer die gleiche Arbeit,
den gleichen Weg machen. Wenn man sich seine außen-

stehende Position bewahrt, wenn man nicht eine Schnecke oder eine Ameise wird, dann wird das alles schließlich interessant und vertreibt die Zeit.

Alles Besondere, das ich von Deinem Leben und dem der Kinder sammeln kann, gibt mir die Möglichkeit, eine bessere Vorstellung zu gewinnen. Aber diese Elemente sind zu wenig, und meine Erfahrung war zu wenig. Dazu kommt, daß die Kinder in diesem Lebensalter sich zu schnell ändern, als daß ich ihnen in allen Bewegungen folgen und mir davon eine Vorstellung machen könnte. Sicher weiß ich ziemlich wenig davon. Aber das ist unvermeidlich. Ich umarme Dich zärtlich.

Antonio

LETT 84
[1] Neffe von Giulia.

20. Mai 1929

Lieber Delio,

ich habe erfahren, daß Du zur Schule gehst, fast 1.08 m groß bist und 18 kg wiegst. So denke ich, Du bist schon sehr groß und wirst mir bald Briefe schreiben. Bis dahin kannst Du ja schon jetzt der Mama Briefe diktieren, so wie Du mich in Rom die Briefchen für die Großmutter schreiben ließt. Auf diese Weise kannst Du mir sagen, ob Dir in der Schule die anderen Kinder gefallen, was Du lernst und was Du gern spielst. Ich weiß, daß Du Flugzeuge und Züge baust und aktiv an der Industrialisierung des Landes mitarbeitest. Aber fliegen die Flugzeuge auch richtig und fahren die Züge? Wenn ich bei Dir wäre, würde ich wenigstens die Zigarette in den Schlot stecken, damit man ein bißchen Rauch sieht!

Du mußt mir dann auch etwas über Giuliano schreiben. Was meinst Du? Hilft er Dir bei Deinen Arbeiten? Ist er auch ein Konstrukteur oder ist er noch zu klein, um eine solche Bezeichnung zu verdienen? Ich möchte also eine Menge Sachen wissen, und weil Du nun so groß bist und, wie sie mir erzählt haben, auch ein bißchen schwatzhaft, bin ich sicher, daß Du mir, vorerst mit Hilfe der Mama, einen ganz langen Brief schreibst mit all diesen und noch weiteren Nachrichten. Ich werde Dir dafür von einer Rose schreiben, die ich gepflanzt habe, und von einer Eidechse, die ich erziehen will. Gib Giuliano und auch der Mama

und all den anderen in meinem Auftrag einen Kuß, und
die Mama wird Dich in meinem Namen küssen.

                                              Toi papa[1]

* Mir ist eingefallen, daß Du vielleicht nicht weißt, was
Eidechsen sind: es handelt sich dabei um eine Art von
Krokodilen, die immer ganz klein bleiben.

LETT 126
[1] Ungenaue Umschrift von tvoj papa aus dem Russischen.

                                              1. Juli 1929
Liebste Tanja,
[. . .] Apropos, denk Dir, die Rose hat sich wieder ganz
erholt (ich schreibe ›apropos‹, denn die Beobachtung der
Rose hat in dieser Zeit vielleicht das Spucken an die Decke
ersetzt). Vom dritten bis zum fünfzehnten Juni hat sie
plötzlich angefangen, Triebe und dann Blätter anzusetzen,
bis sie wieder ganz grün war. Jetzt hat sie schon fünfzehn
Zentimeter lange Zweige. Sie hat auch versucht, eine ganz
winzige Knospe hervorzubringen, die aber von einem bestimmten Punkt an jede Kraft verlor und jetzt vertrock-
net. Auf jeden Fall aber hat die Pflanze Wurzeln geschlagen und wird im kommenden Jahr sicher blühen. Es ist
auch nicht ausgeschlossen, daß sie noch dies Jahr ein ganz
schüchternes Röschen zur Blüte bringt. Mir macht das
Spaß, denn seit einem Jahr interessiere ich mich für die
kosmischen Phänomene (vielleicht steht mein Bett, wie
man bei mir zu Hause sagt, in der guten Richtung der Erd-
ströme, und wenn ich ausruhe, rotieren die Zellen meines
Organismus im Einklang mit dem Universum). Ich habe
mit großer Ungeduld die Sommersonnenwende erwartet,
und jetzt, wo die Erde sich der Sonne zuneigt (bzw. sich
nach der Neigung wieder aufrichtet), geht es mir besser
(die Frage hängt mit der Lampe zusammen, die abends
gebracht wird, und da haben wir die Erdströmung!). Ich
fühle den Kreislauf der Jahreszeiten, gebunden an die
Sonnenwenden und die Tagundnachtgleichen, wie Fleisch
von meinem Fleisch. Die Rose ist lebendig und wird sicher
blühen, denn die Wärme bereitet die Kälte vor, und unter
dem Schnee regen sich schon die ersten Veilchen usw. . .
Kurz, die Zeit erscheint mir als eine gewichtige Sache, seit

für mich der Raum nicht mehr existiert. Liebe Tanja, ich höre auf, mit den Gedanken umherzuschweifen und umarme Dich.

Antonio

LETT 130

[1. Juli 1929]

Liebe Giulia,

Du kannst Delio sagen, die Nachricht, die er mir schickte, habe mich sehr interessiert, weil sie wichtig und überaus ernst war. Ich hoffe jedoch, daß irgend jemand mit etwas Klebstoff den von Giuliano angerichteten Schaden bereits repariert hat und der Hut also nicht schon zu Altpapier geworden ist. Erinnerst Du Dich daran, daß Delio in Rom glaubte, ich könnte alle zerbrochenen Sachen reparieren? Sicher hat er das jetzt vergessen. Und er, hat er das Talent zum Reparieren? Dies wäre für mich ein Zeichen für ... konstruktive Begabung, für einen positiven Charakter, der über das Mechaniker-Spielen hinausgeht. Du irrst, wenn Du meinst, ich hätte von klein auf ... literarische und philosophische Neigungen gezeigt, wie Du schriebst. Ich war ganz im Gegenteil ein furchtloser Pionier und ging nie von zu Hause fort ohne Weizenkörner und in Wachstuch eingewickelte Streichhölzer in der Tasche für den Fall, daß ich auf eine einsame Insel verschlagen würde und dann bar aller meiner üblichen Hilfsmittel wäre. Dann war ich ein kühner Konstrukteur von Kähnen und Karren und konnte die ganze Seemannssprache herunterrasseln. Mein größter Triumph war, als mich ein Klempner aus dem Dorf um ein Papiermodell eines stolzen Schoners mit zwei Decks bat, um ihn in Blech zu arbeiten. Ich war von diesen Sachen besessen, denn mit sieben Jahren hatte ich *Robinson* und *Die geheimnisvolle Insel* gelesen. Ich glaube, eine Kindheit wie vor dreißig Jahren ist heute unmöglich: heute sind die Kinder schon bei ihrer Geburt achtzig Jahre wie der Chinese Lao-Tse[1], Radio und Flugzeug haben ein für allemal die Robinsonaden vertrieben, die für viele Generationen Gegenstand der Phantasie waren. Gerade die Erfindung des Stabilbaukastens ist ein deutliches Zeichen dafür, wie schnell das Kind intellektuell geworden ist: sein Held kann nicht mehr Robinson sein, sondern der wissenschaftlich vorgehende Polizist oder Dieb, zumindest was den Westen betrifft. Dein Urteil

31

kann man also genau auf den Kopf stellen, und erst dann trifft es zu. Meinst Du nicht auch?

Du hast mir geschrieben, wieviel Giuliano wiegt, aber nicht, wie groß er ist. Tatjana schrieb mir, Delio wäre 1,08 m groß gewesen, als er 18 kg wog. Diese Nachrichten interessieren mich sehr, denn sie vermitteln mir konkrete Eindrücke; aber Du schickst mir davon zu wenig. Ich hoffe, daß Tatjana weiterhin braver als Du ist und mir, wenn sie bei Euch ist, viele, viele Nachrichten aller Art von den Kindern und auch von Dir schickt. Weißt Du, daß sie Dir einen Fotoapparat mitbringt? Mir fiel ein, daß ich Dir einen im Jahre 1926 versprochen hatte, und ich wandte mich daraufhin an Tatjana. Da es zur Zeit keine Kastanien gibt (1925 nahm mir Deine Mutter es übel, daß ich ihr keine Kastanien mitgebracht hatte), werde ich Tatjana sagen, sie soll ein Sortiment von Zigaretten aus verschiedenen Ländern zusammenstellen und es ihr in meinem Namen überreichen. Wird sie sich darüber freuen? Ich bin davon überzeugt.

Liebe, ich umarme Dich mit den Kindern.

Antonio

LETT 131
[1] Gramsci spielt hier auf die Sage an, daß Lao-Tse, der chinesische Philosoph und Begründer des Taoismus, siebzig Jahre im Mutterleib geblieben und mit weißen Haaren geboren sei.

30. Dezember 1929

Liebe Giulia,

ich kann mich nicht daran erinnern, ob ich Tatjana bei unserem letzten Gespräch vor ein paar Tagen gefragt habe, ob sie Dir meine beiden Briefe an sie weitergeschickt hat. Ich denke ja, denn ich hatte sie darum gebeten. Ich wollte, Du erfährst, auch auf die Gefahr hin, daß ich Dir irgendwie weh tue, wie es um meinen Gemütszustand bestellt ist, der sich, wenn auch noch nicht ganz, gebessert hat.

Mit großem Interesse las ich den Brief, in dem Du mir einen Eindruck vom Entwicklungsstand Delios vermitteltest. Wenn ich nun dazu etwas sage, so ist dabei zu bedenken; 1. daß ich fast nichts über die Kinder in derjenigen Periode weiß, die das charakteristischste Bild geistiger und moralischer Entwicklung liefert, nämlich im dritten Lebensjahr, wenn die Kinder mit einer bestimmten Präzision die Sprache beherrschen und damit beginnen, über die bloßen Bilder und Vorstellungen hinaus logische Bezüge herzustellen. 2. daß das beste Urteil über die Art, wie die Kinder erzogen werden, nur derjenige fällen kann, der sie aus nächster Nähe kennt und sie in allen Einzelheiten ihres Entwicklungsprozesses beobachten kann. Vorausgesetzt, er läßt sich nicht von Gefühlen blind machen und verliert jedes Urteilsvermögen, indem er sich der bloßen ästhetischen Verehrung des Kindes überläßt, das dann zur Funktion eines Kunstwerkes degradiert wird.

Wenn ich also diese beiden Kriterien in Rechnung stelle, die im Grunde nur zwei Seiten ein und derselben Sache sind, so scheint mir, daß die geistige Entwicklung Delios, so wie ich sie aus Deinen Briefen kenne, für sein Alter sehr zurückgeblieben und zu kindlich ist. In Rom spielte er mit zwei Jahren Klavier, d. h. er hatte die verschiedenen Lagen der Töne auf der Tastatur anhand von Tierstimmen gelernt: das Küken rechts und der Bär links, dazwischen verschiedene andere Tiere. Für ein Alter von nicht ganz zwei Jahren war eine solche Methode durchaus normal und angemessen. Aber für ein Alter von fünf Jahren und ein paar Monaten ist dasselbe Orientierungsverfahren überholt und infantil, auch wenn es auf einen viel größeren Raum angewandt wird (wobei allerdings die vier Wände des Zimmers den Raum begrenzen und bestimmen).

Ich kann mich sehr gut daran erinnern, daß ich mit nicht einmal fünf Jahren und ohne jemals aus dem Dorf herausgekommen zu sein, d. h. mit einem nur sehr begrenzten Begriff von Entfernungen, mit dem Zeigestab unser Dorf auf der Landkarte finden konnte. Ich wußte, was eine Insel ist und konnte die wichtigsten Städte Italiens auf einer großen Wandkarte auffinden. D. h., ich hatte ein räumliches Vorstellungsvermögen, den Begriff eines komplexen Raumes und nicht nur abstrakter Richtungen; den Begriff eines Systems einander zugeordneter Maße und der Orientierung anhand der Punkte dieser Zuordnungen: hoch-tief, rechts-links, als absolute Raumbegriffe, unabhängig von der jeweiligen Position meiner Arme. Ich glaube nicht, daß ich ein besonders frühreifes Kind war, ganz im Gegenteil. Allgemein habe ich beobachtet, daß die ›Großen‹ leicht ihre Kindheitseindrücke vergessen, daß diese von einem bestimmten Alter an zu einem Komplex von Gefühlen, Sehnsüchten oder Lächerlichkeiten oder anderen Entstellungen verschwimmen. Man vergißt auf diese Weise, daß sich das Kind sehr schnell entwickelt, indem es seit den ersten Tagen nach der Geburt eine außerordentliche Menge von Bildern in sich aufnimmt, an die es sich noch nach den ersten Jahren erinnert und die es in jene erste Periode rationaler Urteile, die nach dem Erwerb der Sprache möglich werden, hinüberleiten. Natürlich kann ich keine umfassenden Urteile und Eindrücke liefern, weil mir die zahlreichen und genauen Details fehlen. Ich weiß fast nichts, um nicht zu sagen: nichts, denn die Eindrücke, die Du mir übermittelt hast, sind ohne Zusammenhang, und aus ihnen läßt sich keine Entwicklung ablesen. Aber aufgrund all dieser Angaben habe ich den Eindruck gewonnen, als sei der Begriff der Erziehung, den Du und Deine Familienangehörigen vertreten, zu metaphysisch, d. h. Ihr glaubt, im Kind sei potentiell schon der ganze Mensch enthalten, und man müsse nur dafür sorgen, daß sich das entwickelt, was latent schon vorhanden war, ohne Zwang, indem man die spontanen Kräfte der Natur oder was weiß ich sich selbst überläßt. Ich hingegen glaube, daß der Mensch als ganzer ein geschichtliches Gebilde ist, entstanden durch Zwang (nicht nur im Sinne von Brutalität und äußerer Gewalt), und ich glaube nur dies: daß man sonst in eine Form von Transzendenz oder Immanenz zurückfiele. Was man für eine latente Kraft hält, ist nicht mehr als ein formloser und undifferenzierter Komplex von Bildern und Empfindungen der ersten Tage, die nicht immer so positiv sind, wie man es gern wahrhaben möchte. Diese Art, die Erziehung als Abwickeln eines schon vorhandenen Fadens zu begreifen, hatte ihre Bedeutung als Gegengewicht gegen die jesuitische Schule, als es also darum ging, eine noch schlechtere Philosophie zu bekämpfen, die heute überwunden ist. Auf die Formung des Kindes zu verzichten, bedeutet nur, zuzulassen, daß sich seine Persönlichkeit dadurch entwickelt, daß es wahllos alle Elemente des Lebens aus dem allgemeinen Leben aufnimmt. Es ist seltsam und interessant, daß die Psychoanalyse Freuds besonders in Deutschland (soweit ich dies den Zeitschriften, die ich lese, entnehmen kann) ähnliche Tendenzen hervorruft wie Frankreich im 18. Jahrhundert und einen neuen Typ des ›guten Wilden‹ hervorbringt, der von der Gesellschaft, d. h. von der Geschichte, korrumpiert wurde. So entsteht eine neue Form intellektueller Unordnung, die sehr interessant ist.

Auf all diese Gedanken brachte mich Dein Brief. Möglicherweise, oder vielmehr höchst wahrscheinlich, sind einige meiner Urteile übertrieben oder geradezu falsch. Aus einem Knöchelchen ein Megatherium oder ein Mastodon zu rekonstruieren, das konnte Cuvier, aber es kann auch passieren, daß man aus einem Stückchen Mauseschwanz ein Seeungeheuer rekonstruiert.

Ich umarme Dich zärtlich.

Antonio

LETT 140

24. Februar 1930

Liebster Carlo,

nun habe ich schon zwei Briefe verstreichen lassen, ohne daran zu denken, daß ich Dir in einer Angelegenheit schreiben wollte, die mich in einem gewissen Maße ›intellektuell‹ interessiert und vielleicht auch ›moralisch‹. Ich wollte Dir schreiben, Du solltest Dich an das Sondergericht für den Staatsschutz (bei der Staatskanzlei) wenden und für einen Revisionsantrag auf gebührenfreiem Bogen das gegen mich am 4. Juni 1928 ergangene Gerichtsurteil anfordern. Außer für die Schreib- und Kanzleigebühren, die nicht hoch sein dürften, ist dabei nichts zu bezahlen. Ich will Dir sagen, was ich vorhabe, da Du bereits meine Meinung über das Ergebnis, das diese Angelegenheit haben kann, kennst: Ich möchte vor allem das Urteil lesen. Früher dachte ich, das Sondergerichtsurteil bestünde angesichts des praktizierten Eilverfahrens nur aus der bloßen Urteilsformel. Ich habe aber gesehen, daß die Urteile sehr ausführlich sind und die Einzelheiten des Prozesses zusammenfassen und in eine bestimmte Ordnung zu bringen versuchen. Da es auch in meinem Fall so sein wird, so läßt sich der Formalgrund für die Revision besser der Urteilsbegründung entnehmen. Ich schicke Dir dann diese Unterlagen zusammen mit dem Urteil, und Du gehst damit zu einem vertrauenswürdigen Rechtsanwalt, damit er seine Meinung dazu abgibt und eventuell auf gesetzlicher Grundlage Berufung einlegt.[1] Ich wollte mit dem Rechtsanwalt Niccolai nichts zu tun haben, deshalb habe ich mich ziemlich aufgeregt, als Tatjana sich an ihn wandte, ohne mich davon in Kenntnis zu setzen. Der Rechtsanwalt Niccolai, listig wie alle Rechtsanwälte, riet uns, nach dem Urteilsspruch Berufung einzulegen, und Terracini wandte sich in Ermangelung besseren Wissens an den Kassationshof, da das Gesetz vom November 1926 zwar die Möglichkeit der Berufung andeutete, aber nicht die Berufungsinstanz angab. Niccolai hätte sich folglich mit Terracini in Verbindung setzen müssen, der sein Klient war, und dies war seine Pflicht. Ich konnte dabei nichts tun und auch selbst nicht mit ihm in Verbindung treten. Aber er, der 1928 so überzeugt von der Richtigkeit der Berufung war, war es 1929 nicht mehr, als die Berufungsinstanz eingerichtet war und die Berufung tatsächlich möglich wurde. Da gibt es auch noch andere Gründe, von denen ich aber nicht sprechen will.

Da ich nichts darüber weiß, was die anderen Angeklagten haben beschließen können, fühle ich mich jetzt nicht mehr an ihre früheren Abmachungen gebunden und will deshalb das Urteil untersuchen und sehen, ob eine Revision möglich ist. Allgemein glaube ich, daß jede Berufung auf das Gesetz nützlich und notwendig ist, ohne daß ich mir allerdings Illusionen mache. Aber ich will das Bewußtsein haben, alles getan zu haben, was mir gesetzlich möglich ist, um zu beweisen, daß ich ohne gesetzliche Grundlage verurteilt wurde. Schreib mir bitte auch die Artikel aus dem Militärstrafgesetzbuch ab, die sich mit der Revision befassen, damit ich mir ein genaues Bild über die bestehenden Möglichkeiten machen kann. Schreib mir bitte darüber, was Du unternimmst und wann, und zögere nicht, mich über den Stand Deiner Bemühungen in Kenntnis zu setzen. Vielleicht kannst Du Dich wegen des Antrags auf eine Abschrift des Urteils (der allerdings von mir gestellt werden muß) mit Tatjana in Verbindung setzen, wenn sie sich in Rom befindet. Sie könnte Deinen Antrag dann schneller erledigen.

Ich umarme Dich mit allen Angehörigen zu Hause und mit vielen Wünschen für die Kinder von Teresina, von denen Mama mir schrieb, sie seien krank gewesen. Herzlichst.

Antonio

LETT 146
[1] Gramsci unterscheidet hier irrtümlicherweise nicht zwischen Berufung und Revision.

19. Mai 1930

Liebste Tatjana,
ich habe Deine Briefe und Karten erhalten. Ich mußte wieder über die seltsamen Vorstellungen lachen, die Du

über mein Kerkerdasein hast. Ich weiß nicht, ob Du die Werke Hegels gelesen hast, der schrieb, der Verbrecher habe ein *Recht* auf seine Strafe[1]. Du stellst mich Dir so ungefähr vor wie jemanden, der hartnäckig auf sein Recht auf Leiden und auf Märtyrertum pocht, und der nicht um eine einzige Sekunde und eine Nuance seiner Strafe betrogen sein will. Als wäre ich ein neuer Gandhi, der den Hohen und Niedrigen gegenüber die Leiden des indischen Volks bezeugen will, oder ein neuer Jeremias oder Elias oder was weiß ich für ein anderer Prophet Israels, der auf den Marktplatz ging, um unreine Sachen zu essen und sich dem Rachegott damit als Sühneopfer anzubieten usw. Ich weiß nicht, wie Du zu dieser Vorstellung gelangt bist, die innerhalb Deiner persönlichen Beziehungen zu mir ziemlich ungerecht ist, ungerecht und unbedacht zugleich. Ich habe Dir gesagt, daß ich äußerst praktisch bin. Ich denke, Du verstehst nicht, was ich damit sagen will, denn Du unternimmst nichts, um Dich in meine Lage zu versetzen (ich muß Dir also wie ein Komödiant oder ähnlich vorkommen). Mein Praktischsein besteht darin, zu wissen, daß, wenn man mit dem Kopf gegen die Wand rennt, der Kopf dabei entzweigeht und nicht die Wand. Sehr elementar, wie Du siehst, wenn auch recht schwierig zu verstehen für den, der nie daran gedacht hat, mit dem Kopf gegen die Wand zu rennen, sondern der gehört hat, es genüge zu sagen: »Sesam, öffne Dich«, damit die Wand sich öffnet. Deine Haltung ist auf unbewußte Weise grausam; Du siehst einen Gefesselten (in Wirklichkeit siehst Du ihn nicht gefesselt und kannst Dir auch nicht die Fesseln vorstellen), der sich nicht bewegen will, weil er sich nicht bewegen kann. Du denkst, er bewegt sich nicht, weil er nicht will (Du siehst nicht, daß ihm beim Versuch sich zu bewegen die Fesseln ins Fleisch geschnitten haben). Und nun versuchst Du ihn mit glühenden Nadeln anzutreiben. Was erreichst Du damit? Du läßt ihn sich winden und fügst den Fesseln, die ihn schon bluten lassen, auch noch Brandwunden zu. –

Dies schauerliche Bild aus einem Hintertreppenroman über die spanische Inquisition wird Dich, so nehme ich an, nicht überzeugen, und Du wirst wie üblich weitermachen, und da auch die glühenden Nadelspitzen rein metaphorisch sind, wird es so kommen, daß ich weiterhin meine ›Praxis‹ verfolge, die Wände nicht mit dem Kopf einzurennen (der mir schon ganz wehtut vom Ertragen ähnlichen Sports) und die Probleme beiseitezulassen, zu deren Lösung die unerläßlichen Voraussetzungen fehlen. Dies ist meine Stärke, meine einzige Stärke, und gerade die möchtest Du mir nehmen. Es ist im übrigen eine Stärke, die man leider anderen nicht verleihen kann. Man kann sie verlieren, aber man kann sie nicht verschenken oder übertragen. Du, so denke ich, hast nicht genug über meinen Fall nachgedacht und kannst ihn nicht auf seine Elemente hin untersuchen. Ich bin verschiedenen Kerkerregimen ausgesetzt: da ist das Kerkerregime der vier Wände, der Gitter, des Spions usw. – das hatte ich schon vorausgesehen als geringere Wahrscheinlichkeit, denn die größere Wahrscheinlichkeit in den Jahren von 1921 bis 1926 war nicht der Kerker, sondern der Verlust des Lebens. Was ich nicht vorausgesehen hatte, war der andere Kerker, derjenige, der sich an den anderen anschließt und darin besteht, daß ich nicht nur vom gesellschaftlichen, sondern auch vom familiären Leben abgeschnitten bin.

Ich konnte mich auf die Schläge der Feinde einstellen, die ich bekämpfte, ich konnte mich nicht darauf einstellen, daß die Schläge mich auch von anderen Seiten träfen, von wo ich sie am wenigsten erwarten durfte (metaphorische Schläge, natürlich, aber auch das Strafgesetzbuch unterscheidet bei Verbrechen zwischen Handlungen und Unterlassungen, d. h. auch Unterlassungen sind Schuld oder Schläge). Das ist alles. Aber da bist Du, wirst Du entgegnen. Natürlich, Du bist sehr gut, und ich habe Dich sehr gern. Aber hier handelt es sich nicht um Dinge, bei denen man eine Person ersetzen kann, und überdies ist die Sache sehr kompliziert und sehr schwierig zu ergründen (auch aufgrund der nicht metaphorischen Mauern). Ich bin, ehrlich gesagt, nicht sehr sentimental, und es sind nicht Sentimentalitäten, die mich quälen. Es ist auch nicht so, als sei ich unempfindlich (ich will nicht zynisch und blasiert erscheinen); die Gefühlssachen präsentieren sich mir bzw. ich erlebe sie eher in Kombination mit anderen Dingen (ideologischer, philosophischer, politischer Natur), und zwar in einem Maße, daß ich nicht sagen könnte, wo das Gefühl aufhört und eins der anderen Dinge anfängt. Ich könnte vielleicht auch nicht sagen, um welches dieser Dinge es sich genau handelt, so sehr sind sie miteinander verschränkt in ein untrennbares Ganzes und ein einziges Leben. Vielleicht ist das eine Kraft, vielleicht aber auch nur Schwäche, denn sie bringt einen dazu, die anderen in

gleicher Weise zu analysieren und also gegebenenfalls falsche Schlüsse zu ziehen. Aber ich will damit nicht fortfahren, ich bin geradezu im Begriff, eine Abhandlung zu schreiben, und es sieht so aus, als sei es besser, nichts zu schreiben, als eine Abhandlung zu schreiben [. . .].
Ich umarme Dich zärtlich.

Antonio

LETT 153
[1] Vgl. Hegel, Rechtsphilosophie § 100.

17. November 1930

Liebste Tatjana,
ich habe die Karte vom 10. November und den Brief vom 13. erhalten. Ich will versuchen, der Reihe nach auf Deine Fragen zu antworten. 1. Fürs erste sollst Du mir keine Bücher schicken. Diejenigen, die Du hast, leg beiseite und schick sie erst, wenn ich Dir Nachricht gebe. Ich will erst alle alten Zeitschriften sortieren, die sich seit vier Jahren angesammelt haben. Bevor ich sie wegschicke, sehe ich sie noch einmal durch, um mir über die Dinge, die mich besonders interessieren, Notizen zu machen. Das füllt natürlich einen großen Teil des Tages aus, weil die wissenschaftlichen Notizen von Hinweisen, Kommentaren usw. begleitet sind. Ich habe mich auf drei oder vier Hauptthemen festgelegt, von denen eines die kosmopolitische Funktion ist, die die italienischen Intellektuellen bis zum Ende des 18. Jahrhunderts ausübten. Das Thema gliedert sich in viele Bereiche auf: die Renaissance, Machiavelli usw. Wenn ich die Möglichkeit hätte, das notwendige Material zu Rate zu ziehen, dann könnte ich wohl ein wirklich interessantes Buch darüber schreiben, das es bisher noch nicht gibt. Ich sage: Buch und will damit sagen: Einleitung zu einer gewissen Anzahl von Monographien, denn das Problem stellt sich in den verschiedenen Epochen verschieden dar, und man müßte meiner Meinung nach bis zur Zeit des Römischen Reichs zurückgehen. Inzwischen mache ich mir Notizen, auch weil die Lektüre des relativ Wenigen, das ich vorliegen habe, mich an früher Gelesenes erinnert. Andererseits ist mir die Sache nicht völlig neu, denn vor zehn Jahren schrieb ich einen Aufsatz über das Problem der Sprache bei Manzoni[1], und das erforderte eine bestimmte Untersuchung über die Organisation der italienischen Literatur bis zurück zu dem Zeitpunkt, an dem die Schriftsprache

(das sog. Mittellatein, d. h. das von 400 bis 1300 n. Chr. geschriebene Latein) sich völlig von der im Volk gesprochenen Sprache trennte, die sich nach dem Verlust von Rom als Mittelpunkt in zahllose Einzeldialekte aufsplitterte. Diesem Mittellatein folgte das Vulgärlatein, das wiederum vom Humanistenlatein überschwemmt wurde und einer gelehrten Sprache Platz machte, volkstümlich dem Wortschatz, nicht aber dem Lautstand und noch weniger der Syntax nach, die vom Lateinischen übernommen wurde. So gab es weiterhin eine doppelte Sprache: die Volks- bzw. Dialektsprache und die gelehrte Sprache bzw. die Sprache der Intellektuellen und der gebildeten Klassen. Manzoni selbst berücksichtigte bei der Überarbeitung der *Promessi Sposi* und in seinen Abhandlungen über die italienische Sprache in Wirklichkeit nur einen einzigen Aspekt der Sprache, nämlich den des Wortschatzes und nicht den der Syntax, die der wesentliche Teil jeder Sprache ist. Das kann man schon daran sehen, daß Englisch zwar mehr als 60% lateinische und neulateinische Wörter besitzt, aber dennoch eine germanische Sprache ist, während das Rumänische zwar über 60% slawische Wörter besitzt, aber eine neulateinische Sprache ist usw. Wie Du siehst, interessiert mich dies Thema so sehr, daß ich mich dadurch zum Drauflosschreiben verleiten ließ [...].
Ich umarme Dich zärtlich.

Antonio

LETT 170

[1] Alessandro Manzoni (1785–1873), italienischer Dichter und bedeutendster Vertreter der Romantik in Italien. Sein Roman *I Promessi Sposi* (dt. *Die Verlobten*) gilt als der bedeutendste italienische Roman des 19. Jahrhunderts. Manzoni überarbeitete diesen Roman später und entfernte dabei alle sprachlichen Einflüsse des lombardischen Dialekts. Damit entschied er den auch für die italienische Einigungsbewegung (Risorgimento) wichtigen Streit um die Schriftsprache zugunsten des gesprochenen Florentinisch.

1. Dezember 1930

Liebste Tatjana,

[...] Ich wäre froh, wenn Du in irgendeiner römischen Bücherei das Oktoberheft der Zeitschrift ›La Nuova Italia‹, herausgegeben von Prof. Luigi Russo, finden und Giulia schicken könntest. Darin ist ein Brief abgedruckt, in dem von der höflichen Auseinandersetzung zwischen Benedetto Croce und Lunatscharski die Rede ist, die auf

dem kürzlich abgehaltenen internationalen Philosophen-
kongreß in Oxford stattfand, und zwar über die Frage, ob
es eine Ästhetik des Historischen Materialismus gibt oder
geben kann. Der Brief ist vielleicht von Croce selbst oder
zumindest von einem seiner Schüler und ist sehr kurios.
Anscheinend hatte Croce [in der Auseinandersetzung] auf
eine Abhandlung vom Lunatscharski geantwortet und
einen gewissen väterlichen Ton angeschlagen, ein bißchen
Zustimmung und Ironie, sehr zum Vergnügen des Kon-
gresses. Aus dem Brief geht auch hervor, daß Lunatscharski nicht wußte, daß Croce sich eingehend mit dem
Historischen Materialismus beschäftigt und darüber viel
geschrieben hat und in jedem Fall über diesen Gegenstand
genau Bescheid weiß; – was mir übrigens seltsam erscheint,
denn Croces Werke sind ins Russische übersetzt, und
Lunatscharski kann sehr gut Italienisch. Aus diesem Brief
geht auch hervor, daß sich Croces Haltung dem Historischen Materialismus gegenüber völlig gewandelt hat. Heute behauptet Croce nichts weniger, als daß der Historische
Materialismus eine Rückkehr zum alten mittelalterlichen
Theologismus, zur vorkantischen und vorcartesischen
Philosophie darstellt. Eine wunderliche Sache, die den
Verdacht aufkommen läßt, daß auch er trotz seiner olym-
pischen Heiterkeit anfängt, zu oft schläfrig zu werden,
öfter als es Homer passierte. Ich weiß nicht, ob er irgendeine besondere Abhandlung über dies Thema schreiben
wird; das wäre sehr interessant, und ich glaube, es wäre
nicht schwierig, ihm zu antworten, indem man seinen
eigenen Werken die notwendigen und hinreichenden Ge-
genargumente entnimmt. Ich glaube, Croce hat zu einem
sehr durchsichtigen polemischen Trick gegriffen, und sein
Urteil, anstatt ein historisch-philosophisches Urteil zu sein,
ist nichts anderes als ein Willensakt, d. h. es hat ein praktisches Ziel. Man kann vielleicht zeigen, daß viele soge-
nannte Theoretiker des Historischen Materialismus in eine
philosophische Position gerieten, die derjenigen des mittelalterlichen Theologismus entspricht und aus der ›ökonomischen Basis‹ so etwas wie einen ›deus ignotus‹[1] gemacht haben. Aber was würde das bedeuten? Das wäre
so, als wollte man über die Religion des Papstes und der
Jesuiten ein Urteil fällen und führte dazu den Aberglau-
ben der bergamaskischen Bauern an. Die Position Croces
gegenüber dem Historischen Materialismus scheint mir
die der Männer der Renaissance gegenüber der lutheri-

schen Reformation zu sein: »wo Luther eindringt, flieht die Zivilisation«, sagte Erasmus[2]. Und doch geben die Historiker einschließlich Croces selbst heute zu, daß Luther und die Reformation den Anfang der modernen Philosophie und Zivilisation, einschließlich der Philosophie Croces, bildeten. Der Mann der Renaissance verstand nicht, daß eine große Bewegung moralischer und intellektueller Erneuerung unmittelbar rohe und abergläubische Formen annahm, sobald sie sich wie das Luthertum der großen Volksmassen bemächtigte, und daß dies deswegen unvermeidlich war, weil das deutsche Volk, und nicht eine kleine Aristokratie bedeutender Intellektueller, der Vorkämpfer und Bannerträger der Reformation war. – Wenn Giulia kann, so möchte sie mich darüber informieren, ob der Streit Croce-Lunatscharski Anlaß zu intellektuellen Äußerungen von einiger Bedeutung gibt . . .

Liebste, ich muß den Brief abgeben. Ich umarme Dich zärtlich.

Antonio

LETT 172

[1] deus ignotus (lat.): der unbekannte Gott.
[2] Die Wendung ›Ubicumque regnat lutheranesimus, ibi literarum est interitus‹ gebrauchte Erasmus 1528 in einem Brief an Pirckheimer.

20. März 1931

Liebste Giulia,

Tanja hat mir zwei Fotos von den Kindern geschickt, außerdem eine Reihe von sehr interessanten Beschreibungen ihres Lebens und Charakters, die die Großmutter gemacht hat, und einige Informationen über Deinen Gesundheitszustand. Sie hat mir auch ein ›Briefchen‹ von Delio geschickt, zusammen mit einem kritisch-hermeneutischen Apparat. Ich meinerseits war nicht imstande, irgend etwas davon zu interpretieren. Ich würde gern einen Brief direkt an die Kinder schreiben, weiß aber nicht, wie ich das anfangen soll. Schreiben, nur um mich bei ihnen für ihren langen Brief zu bedanken, scheint mir ein bißchen zu wenig zu sein. Zwischen mir und ihnen müßte eine Mittelsperson guten Willens sein, und das könntest nur Du machen. Aber mir scheint nicht, als fühltest Du Dich imstande, eine solche Funktion zu übernehmen. Ich habe Dir darüber schon mehrere Male geschrieben, aber vergeblich, denn Du hast darüber nicht ein Wort verloren.

Ich hoffe, Du bist bald imstande, mir zu schreiben. Ich umarme Dich zärtlich mitsamt Delio und Giuliano.

Antonio

LETT 183

7. April 1931

Liebste Tatjana,

[...] mich wundert nicht, daß Dich die Vorträge Prof. Bodreros über die griechische Philosophie nur wenig interessieren. Er ist Professor für Geschichte der Philosophie an ich weiß nicht welcher Universität (eine Zeitlang war er in Padua), aber er ist weder Philosoph noch Historiker: er ist ein gebildeter Philologe, der die Fähigkeit besitzt, humanistisch-rhetorische Reden zu halten. Kürzlich las ich einen Artikel von ihm über Homers Odyssee, der jedoch auch meine Überzeugung ins Wanken brachte, Bodrero sei ein guter Philologe. Er versuchte nämlich darzulegen, daß eine Teilnahme am Krieg das Verständnis der Odyssee erleichtere. Ich bezweifle, daß ein Senegalese, der am Krieg teilgenommen hat, Homer besser verstehen kann. Andererseits vergißt Bodrero, daß Odysseus der Sage nach Kriegsdienstverweigerer war und eine Art Selbstverstümmeler, denn als die Militärkommission nach Ithaka kam, um ihn auszuheben, spielte er den Verrückten (ich muß mich verbessern: nicht Selbstverstümmeler, sondern Simulant, um ausgemustert zu werden). – Was den ›gioddu‹ betrifft, so handelt es sich hierbei nicht um sardischen Patriotismus und auch nicht um Kirchtumsideologie. Alle einfachen Hirten bereiten die Milch tatsächlich auf diese Weise zu. Tatsache ist, daß der ›gioddu‹ oder Joghurt sich nicht verschicken oder aufbewahren läßt, ohne daß er schlecht, d. h. zu Käse wird. Und es gibt auch einen anderen wichtigen Grund: es scheint, als sei ein gewisses Quantum Schmutz beim Hirten oder in seiner Umgebung nötig, damit der ›gioddu‹ ganz echt wird. Diese Zutat läßt sich nicht mathematisch ausdrücken, und das ist schade, denn die Hirtendamen würden sonst versuchen, wie die Snobs ein bißchen schmuddelig auszusehen. Dazu kommt noch, daß der nötige Schmutz Original-Schmutz sein muß, echter spontan-natürlicher wie der, der den Hirten wie einen Ziegenbock stinken läßt. Du siehst, das Problem ist sehr komplex, und es ist besser, Du hörst auf, in arkadischen Gefilden Amaryllis und Cloe spielen zu wollen.

Liebe Tatjana, Dein Brief war für mich sehr interessant und hat mir Freude bereitet. Es war gut, daß Du ihn nicht mehr abgeschrieben hast, warum auch! Wenn Du Dich so leidenschaftlich erregst, so zeigt das doch, daß in Dir viel Vitalität und Feuer herrscht. Einige Deiner Überlegungen habe ich, ehrlich gesagt, nicht richtig verstanden, wie etwa die: »Vielleicht müßte man immer außerhalb des eigenen Ich leben, um das Leben mit der größten Intensität auskosten zu können«. Ich kann mir nämlich nicht vorstellen, wie man außerhalb des eigenen Ich leben könnte, vorausgesetzt, es gibt ein Ich, das ein für allemal identifizierbar ist, und nicht etwa eine Persönlichkeit in stetem Wandel, so daß man dann zugleich stets außerhalb und innerhalb des eigenen Ich ist. Für mich selbst hat sich dies Problem sehr vereinfacht, und ich bin – in meiner höchsten Weisheit – sehr nachsichtig geworden. Scherz beiseite – ich habe über die Probleme, die Du anschneidest und die Dir zu schaffen machen, lange nachgedacht und bin zu der Überzeugung gekommen, daß die Schuld an vielen Dingen bei mir liegt. Ich sage Schuld, denn ich kann kein anderes Wort dafür finden. Vielleicht gibt es wirklich eine Art Egoismus, in den man unbewußt verfallen kann. Ich glaube nicht, daß es sich hierbei um den üblichen Egoismus handelt, der darin besteht, die anderen zum Instrument seines eigenen Wohlergehens und Glücks zu machen. In diesem Sinne bin ich meiner Überzeugung nach nie Egoist gewesen, denn ich glaube in meinem Leben stets ebensoviel gegeben wie genommen zu haben. Aber es stellt sich nun folgende Frage: Soll und Haben sind als allgemeine Größen ausgeglichen, aber sind sie es auch als einzelne Posten? Wenn man sein ganzes Leben auf ein Ziel hin ausrichtet und darauf seine sämtlichen Energien konzentriert, ist es dann nicht unvermeidlich, daß einige oder viele oder auch nur einer der Posten unbeglichen bleiben? Man denkt nicht immer daran, und deshalb zahlt man irgendwann einmal dafür. Man entdeckt sogar, daß man gerade denen gegenüber als Egoist gelten kann, bei denen man es am wenigsten gedacht hätte. Und man entdeckt, woher dieser Irrtum stammt, nämlich aus der Schwäche, nicht den Mut gefunden zu haben, allein zu bleiben, keine persönlichen Bindungen, Gefühle, Beziehungen zu schaffen usw. An diesem Punkt angelangt, gewinnt man die Überzeugung, daß nur die Nachsichtigkeit Gelassenheit verleihen kann oder zumindest eine gewisse

Gelassenheit, die nicht völlige Apathie und Indifferenz ist und einigen Hoffnungsschimmer für die Zukunft übrigläßt. Oft gehe ich mein ganzes bisheriges Leben durch und komme mir vor wie Renzo Tramaglino am Ende der *Promessi Sposi*[1], nämlich Inventur machen und sagen zu können: ich habe gelernt, dies nicht zu tun und jenes nicht usw. (auch wenn diese Summe erworbener Erfahrungen mir reichlich wenig hilft). Ich habe einige Jahre meiner Mutter überhaupt nicht geschrieben (mindestens zwei Jahre lang), und ich habe gelernt, daß es wehtut, keine Briefe zu bekommen (aber wenn ich frei wäre, würde ich in den gleichen Fehler zurückfallen oder ihn nicht als solchen erkennen oder gar nicht darüber nachdenken) usw. Kurz gesagt: ich habe schon vier Jahre und fünf Monate Kerker hinter mir und hoffe, innerhalb einiger Jahre vollständig einbalsamiert zu sein. Ich werde für alles eine Erklärung finden, bei jeder Tatsache werde ich entdecken, daß sie nur so und nicht anders geschehen konnte, ich werde mir darlegen und beweisen, daß meine Erklärungen absolut unangreifbar sind. Schließlich werde ich zu der Überzeugung gelangen, daß es das beste wäre, nicht mehr zu denken, von außerhalb keine Anregungen zum Denken mehr zu bekommen und also niemandem mehr zu schreiben und die empfangenen Briefe ungelesen beiseite zu legen usw. Vielleicht aber wird es nie dazu kommen und ich habe nur erreicht, daß Du Dich ärgerst und eine Zeitlang schlechte Laune hast, was bedeutet, daß Du außerhalb Deines eigenen Ich bist, und daß mein Ich als unliebsamer Gast den leeren Platz eingenommen hat.

Liebste Tatjana, sei nicht böse, wenn ich mich ein bißchen über Dich lustig mache. Ich habe Dich sehr lieb und umarme Dich zärtlich.

Antonio

LETT 186
[1] Vgl. Anmerkung zum Brief vom 17. 11. 1930.

18. Mai 1931

Liebste Tanja,

[...] Gerade bekomme ich Deinen Brief vom 15. Mai und den Brief von Giulia. Ich wünschte, Du hättest mir Deine Eindrücke über den Brief von Giulia geschrieben. Ich finde mich darin noch nicht richtig zurecht. Ich glaube, einen positiven Kern kann man herausarbeiten: daß nämlich Giulia ein gewisses Vertrauen in sich selbst und in ihre eigenen Kräfte erworben hat. Aber ist dies Vertrauen nicht rein intellektueller und theoretischer Natur und also nicht tief genug? Ich finde, daß der rein theoretische Charakter ihrer geistigen Verfassung zu offenbar ist, daß nämlich das ›analytische‹ Moment noch nicht eine lebendige Kraft, ein Willensimpuls geworden ist. Das Beruhigende dabei ist, daß Giulia, wie die meisten heutigen Russen, einen großen Glauben an die Wissenschaft hat, einen Glauben, finde ich, fast religiösen Charakters wie wir Westeuropäer ihn gegen Ende des vorigen Jahrhunderts hatten und dann aufgrund der Kritik der fortgeschrittensten Philosophie und besonders aufgrund des Zusammenbruchs der politischen Demokratie verloren haben. Auch die Wissenschaft wurde einer ›Kritik‹ unterzogen und dadurch eingegrenzt. Ich hätte nie geglaubt, daß man in Turi jemanden finden könnte, der etwas so Intelligentes sagen konnte, wie es offenbar Dir passiert ist. Und war das, was man Dir sagte, übrigens wirklich so intelligent? Es ist wohl nicht schwer, eindrucksvolle Lebensregeln zu erfinden; schwer ist es, zu leben. Ich las kürzlich, daß im heutigen Europa sich nur einige Italiener und Spanier den wahren Sinn fürs Leben bewahrt hätten. Das kann wohl zutreffen, auch wenn es sich dabei um so allgemeine Aussagen handelt, die sich nur schwer nachprüfen lassen. Zuweilen handelt es sich dabei um ziemlich komische Mißverständnisse. Ich hatte einmal eine seltsame Diskussion mit Clara Zetkin[1], die eben die Italiener wegen ihres Lebenssinnes bewunderte und dafür einen subtilen Beweis liefern zu können glaubte, daß nämlich die Italiener ›glückliche Nacht‹ sagen und nicht ›ruhige Nacht‹ wie die Russen, oder ›gute Nacht‹ wie die Deutschen usw. Daß die Deutschen, die Russen und auch die Franzosen nicht an ›glückliche Nächte‹ denken, ist möglich, aber die Italiener sprechen auch von ›glücklicher Reise‹ und ›glücklich zustandegekommenen Geschäften‹, was den symptomatischen Wert von ›glücklich‹ vermindert. Zum anderen bezeichnen die Neapolitaner eine schöne Frau als ›buona‹ [gut], und zwar ohne Hintergedanken, denn ›bella‹ [schön] entspricht in der Tat dem älteren ›bonula‹. Mir scheint also, daß die Lebensregeln, ob in Worten oder in den Sitten eines Volkes ausgedrückt, nur einen einzigen Wert besitzen, nämlich denjenigen als Antrieb und Rechtfertigung zu dienen, die nicht entschlossen sind, ihre Wünsche zu verwirklichen. Das wirkliche Leben dagegen läßt sich nicht durch Milieueinflüsse und Regeln bestimmen, sondern entwächst inneren Wurzeln.

Was Giulia betrifft, so finde ich den Rat richtig, sie solle sich ›entwirren‹, d. h. in sich selbst Lebenskraft und -sinn finden, nicht furchtsam sein, sich nicht überwältigen lassen und besonders nicht ihrem Leben unerreichbare oder zu schwierige Ziele setzen. Und meiner Meinung nach trifft dieser Rat auch für Dich zu, wenn Du manchmal meinst, man müsse oder könne dem eigenen Ich entkommen, um das eigentliche Leben zu verwirklichen.

Ich umarme Dich.

Antonio

LETT 190

[1] Clara Zetkin (1857–1933), deutsche kommunistische Politikerin. 1920–33 Reichstagsmitglied. Gramsci lernte Clara Zetkin 1922 in Moskau kennen, wo sie sich als Führerin der Internationalen kommunistischen Frauenbewegung aufhielt.

1. Juni 1931

Liebste Giulia,

Tanja hat mir Delios ›Epistel‹ (ich benutze das literarischere Wort) mit seiner Liebeserklärung für die Erzählungen Puschkins und für diejenigen Erzählungen, die sich mit dem Leben der Jugendlichen befassen, übergeben. Sie hat mir sehr gefallen, und ich möchte wissen, ob Delio spontan auf diesen Ausdruck verfallen ist oder ob es sich dabei um eine literarische Reminiszenz handelt. Ich stelle auch mit einer gewissen Überraschung fest, daß Du jetzt nicht mehr über Delios literarische Neigungen erschrokken bist. Ich glaube, früher warst Du davon überzeugt, daß seine Begabungen eher in Richtung des . . . Ingenieurs als des Dichters gingen, während Du jetzt annimmst, daß er Dante geradezu mit Begeisterung lesen wird. Ich hoffe es kommt nicht soweit, ich bin aber sehr froh, daß Delio Puschkin und all das gefällt, was sich mit dem schöpferischen Leben beschäftigt und seine erste Entwicklung prägt. Übrigens, wer liest schon Dante mit Vergnügen? Verdummte Professoren, die sich aus irgendeinem Dichter oder Schriftsteller eine Religion fabrizieren und damit seltsame philologische Riten feiern. Ich glaube, ein intelligenter und moderner Mensch sollte die Klassiker mit einer gewissen ›Distanz‹ lesen, d. h. nur der ästhetischen Werte wegen, während die ›Liebe‹ eine Zustimmung zu der in der Dichtung vertretenen Ideologie bedeutet. Man liebt ›seinen‹ Dichter, man bewundert den Dichter ›als solchen‹. Die ästhetische Bewunderung kann mit einer gewissen ›bürgerlichen‹ Verachtung einhergehen, wie es bei Marx in seinem Verhältnis zu Goethe der Fall war. Ich bin also froh, daß Delio phantasievolle und phantastische Werke auch um ihrer selbst willen liebt. Ich glaube nicht, daß er nicht auch gleichzeitig ein großer ›Ingenieur‹ werden könnte, ein Erbauer von Wolkenkratzern und Elektrizitätszentralen, ganz im Gegenteil. Du kannst Delio in meinem Namen fragen, welche der Puschkinschen Erzählungen ihm am meisten gefällt. Ich kenne ehrlich gesagt nur zwei: ›Der goldene Hahn‹ und ›Vom Fischer und vom Fischlein‹. Ich kenne dann noch die Geschichte vom ›Kettchen‹ mit dem Kissen, das wie ein Frosch hüpft, vom Bettuch, das wegfliegt, von der Kerze, die davonspringt, um sich unter dem Ofen zu verstecken, aber die ist nicht von Puschkin. Kannst Du Dich daran erinnern? Weißt Du, daß ich daraus noch Dutzende von Versen auswendig weiß? Ich möchte Delio ein Märchen aus meinem Dorf erzählen, das mir interessant erscheint. Ich schreibe es Dir abgekürzt auf, und Du kannst es ja dann ihm und Giuliano ausführlich erzählen. – Ein Kind schläft. Ein Topf mit Milch steht bereit, damit das Kind sie beim Erwachen trinkt. Eine Maus trinkt die Milch aus. Das Kind schreit und die Mutter schreit. Die Maus rennt verzweifelt mit dem Kopf gegen die Wand, merkt aber bald, daß das nichts hilft, und läuft zur Ziege, um Milch zu holen. Die Ziege will ihr Milch geben, wenn sie Gras zu fressen hat. Die Maus läuft aufs Land, um Gras zu holen, aber das dürre Land will Wasser haben. Die Maus läuft zum Brunnen, aber der Brunnen ist durch den Krieg zerstört, und das Wasser verrinnt: es muß der Maurermeister her, um den Schaden zu beheben. Die Maus läuft zum Maurermeister, der aber braucht Steine. Die Maus läust zum Berg, und nun kommt es zu einem sublimen Dialog zwischen der Maus und dem Berg, der von den Spekulanten ganz abgeholzt wurde und nun seine überall nackten Glieder zeigt. Die Maus erzählt die ganze Geschichte und verspricht, daß das Kind, wenn es groß ist, Pinien, Eichen, Kastanien usw. pflanzen wird. Daraufhin gibt der Berg die Steine usw., und das Kind hat schließlich so viel Milch, daß es darin baden kann. Es wächst heran, pflanzt die Bäume, alles wird anders: die nackten

Gebeine des Berges verschwinden unter der neuen Humusschicht, die atmosphärischen Niederschläge werden wieder regelmäßig, weil die Bäume die Feuchtigkeit zurückhalten und die Flüsse daran hindern, die Ebene zu verwüsten. Die Maus stellt also einen richtigen Fünfjahresplan auf. Es ist ein Märchen aus einer abgeholzten Landschaft. Liebste Giulia, Du mußt wirklich dies Märchen erzählen und mir dann den Eindruck mitteilen, den es auf die Kinder gemacht hat. Ich umarme Dich zärtlich.

Antonio

LETT 193

3. August 1931

Liebste Tatjana,

mir scheint, Du hast meinen Ausdruck ›abgerissene Verbindungen‹ dramatisiert, und ich will Dir deshalb meine derzeitige Gemütsverfassung präzisieren. Ich habe den Eindruck, daß man immer stärker zu der Meinung kommt, die ›Welt‹ meiner Gefühlsbindungen habe sich inzwischen an die Vorstellung, im Kerker zu leben, gewöhnt. Das bleibt nicht ohne Rückwirkungen auf mich: auch ich habe mich daran gewöhnt, anzunehmen, daß sich die anderen daran gewöhnt haben usw., und gerade das macht meine derzeitige Gemütsverfassung aus. Ich habe Dir geschrieben, mir sei dies schon mehrfach in der Vergangenheit passiert (wenn auch natürlich nicht im Zusammenhang mit dem Gefängnis), und das stimmt. Aber diese ›abgerissenen Verbindungen‹ erfüllten mich in der Vergangenheit fast mit Stolz, so daß ich sie nicht nur nicht zu vermeiden, sondern sie sogar meinerseits zu fördern suchte. In der Tat handelte es sich um fortschrittliche Fakten in dem Sinne, daß sie zur Entwicklung meiner Persönlichkeit und Selbständigkeit notwendig waren. Das ging nicht ohne den Abbruch von Beziehungen, denn es handelte sich darum, den Bereich, in dem sich mein weiteres Leben abwickeln sollte, vollständig zu ändern. Das ist heute nicht mehr so, heute geht es um lebenswichtigere Dinge. Da von mir aus keine Änderung des Bereichs kultureller Beziehungen herbeigeführt werden kann, so handelt es sich darum, daß ich mich gerade in dem Bereich isoliert fühle, der von sich aus Gefühlsbindungen aufkommen lassen müßte. Du darfst nicht glauben, daß das Gefühl, persönlich isoliert zu sein, mich in Verzweiflung oder einen anderen tragischen Gemütszustand stürzen könnte. Ich habe tatsächlich nie das Bedürfnis nach einer moralischen Stütze von außen gespürt, um auch unter schlechtesten Bedingungen mein Leben mit Energie zu führen. Um so weniger heute, da ich fühle, daß meine Willenskraft einen höheren Grad an Konkretheit und Festigkeit erworben hat. Aber während ich in der Vergangenheit, wie schon gesagt, fast stolz darauf war, isoliert zu sein, so fühle ich heute die Dürftigkeit, die Dürre, die Enge eines Lebens, das ausschließlich aus dem Willen besteht. Dies ist mein gegenwärtiger Gemütszustand. – Mir scheint, daß Du nicht oder nur mit großer Verspätung einen meiner Briefe erhalten hast, den ich vor einigen Wochen geschrieben habe. Es handelte sich um wenige Zeilen an Dich und meine Schwester Teresina. Weißt Du, daß sie mir von zu Hause schon seit geraumer Zeit nicht mehr schreiben und mir keine Mitteilungen über den Gesundheitszustand meiner Mutter machen? Ich bin über diese Sache sehr besorgt. Ich habe den Artikel des Fürsten Mirskij über die Theorie der Geschichte und der Geschichtsschreibung überflogen, und mir scheint, daß es sich dabei um eine sehr interessante und wertvolle Abhandlung handelt. Von Mirskij hatte ich schon vor einigen Monaten eine Abhandlung über Dostojewski gelesen, die in einer Dostojewski gewidmeten Sondernummer der ›Cultura‹ erschienen ist. Auch diese Abhandlung war sehr treffend, und es ist überraschend, wie Mirskij sich mit solcher Intelligenz und Einfühlungskraft mit zumindest einem Teil des Kerns des Historischen Materialismus beschäftigt hat. Mir scheint seine wissenschaftliche Position insofern um so mehr Beachtung und Studium zu verdienen, als er sich frei von gewissen Vorurteilen und kulturellen Verkrustungen zeigt, die parasitisch in das Feld des Studiums der Geschichtstheorie eingedrungen waren, und zwar im Zusammenhang mit der großen Popularität des Positivismus am Ende des vorigen und zu Beginn dieses Jahrhunderts. –

[. . .] Man kann sagen, daß ich jetzt kein richtiges Studien- und Arbeitsprogramm mehr habe, und das mußte natürlich so kommen. Ich hatte mir vorgenommen, über eine Reihe von Problemen nachzudenken, aber es war notwendig, daß diese Reflexionen an einem bestimmten Punkt in die Phase der Dokumentation übergingen und also in die

Phase der Arbeit und Ausarbeitung, für die große Bibliotheken nötig sind. Das soll aber nicht heißen, daß ich gänzlich die Zeit verliere, aber ich bin nicht mehr voller Neugierde für bestimmte allgemeine Problemrichtungen, zumindest was den Augenblick betrifft. Ich will Dir ein Beispiel geben: ein Thema, das mich in den letzten Jahren besonders beschäftigte, ist die Dokumentation einiger besonders charakteristischer Aspekte der Geschichte der italienischen Intellektuellen. Dies Interesse entsprang einerseits dem Wunsch, den Begriff des Staates zu vertiefen, andererseits dem Bestreben, mir einige Seiten der geschichtlichen Entwicklung des italienischen Volkes klarzumachen. Auch wenn ich dabei die Untersuchung auf das Wesentliche beschränke, so bleibt sie dennoch ziemlich gewaltig. Man muß dabei notwendigerweise bis zum Römischen Reich und zur ersten Konzentration ›kosmopolitischer‹ (›imperialer‹) Intellektueller zurückgehen, das jenes darstellte. Man muß also die Ausbildung der christlich-päpstlichen Organisation untersuchen, die der Erbschaft des imperialen intellektuellen Kosmopolitismus eine Form von europäischer Kaste gab usw. Nur so läßt sich meiner Meinung nach erklären, daß man erst nach 1700, d. h. nach dem Beginn der ersten Kämpfe zwischen Staat und Kirche einerseits und dem Jurisdiktionalismus andererseits, von ›nationalen‹ italienischen Intellektuellen sprechen kann. Bis dahin waren die italienischen Intellektuellen Kosmopoliten, übten eine universalistische, übernationale Funktion aus (sei es für die Kirche oder das Imperium), trugen als Techniker und Spezialisten zum Aufbau anderer Nationalstaaten bei, lieferten ganz Europa die ›leitenden Angestellten‹, schlossen sich nicht zur spezialisierten Gruppe der nationalen Klassen zusammen. – Wie Du siehst, könnte dies Thema zu einer ganzen Reihe von Essays führen, aber dazu sind sehr gründliche Studien notwendig. – So ist es auch mit den anderen Studien. Man darf aber auch nicht übersehen, daß die Gewohnheit strenger philologischer Disziplin, die ich in meiner Studienzeit erworben habe, mir einen vielleicht exzessiven Vorrat an methodischen Skrupeln mitgegeben hat. Dem entstammt eine Schwierigkeit, die darin besteht, daß man zu spezielle Bücher angibt. Im übrigen nenne ich Dir zwei Bücher, die ich gern lesen möchte: 1. *Un trentennio di lotte politiche (1894–1922)* von Prof. De Viti De Marco im Verlag Collezione meridionale in Rom; 2. Lucien Lau-

rat, *L'Accumulation du capital d'après R. Luxembourg*,
Paris, Rivière. [. . .]
Ich umarme Dich zärtlich.

Antonio

LETT 203

17. August 1931

Liebste Tatjana,
[. . .] Mit großem Interesse habe ich den Brief von Prof.
Cosmo gelesen, den Du mir abgeschrieben hast[1]. Mein
Eindruck ist sehr zwiespältig. Mir täte es leid, wenn Prof.
Cosmo im entferntesten argwöhnen könnte, ich hätte
auch nur in Gedanken über ihn ein Urteil gefällt, das
seine Rechtschaffenheit, die Würde seines Charakters,
sein Pflichtgefühl in Zweifel ziehen wollte. Auf den letzten
Seiten von [Cosmos Werk] *Dantes Leben* sieht es so aus,
als sei der Verfasser selbst ein strenggläubiger Katholik.
Ich hatte diesen Eindruck mit der Tatsache in Verbindung
gebracht, daß Cosmo zusammen mit Gerosa eine Auswahl
von lateinischen Schriftstellern der ersten Jahrhunderte
der Kirche für einen katholischen Verlag gemacht hat,
und ich hatte also geglaubt, Cosmo sei katholisch geworden. Ich hatte dabei ganz gewiß nicht gedacht, daß eine
solche Konversion etwas mit ›Opportunismus‹ oder noch
weniger mit Käuflichkeit zu tun habe, wie es leider bei
vielen großen Intellektuellen der Fall war. Derselbe glü-
hende Katholizismus Gerosas hatte, woran ich mich noch
gut erinnere, eher jansenistische als jesuitische Züge.
Trotzdem war mir dieser Umstand unangenehm. Als ich
Schüler von Cosmo war, gab es natürlich viele Dinge, in
denen ich nicht mit ihm übereinstimmte, auch wenn ich
meine Position noch nicht genau herausgearbeitet hatte
und wenn ich von der Zuneigung absehe, die mich an ihn
band. Aber mir schien es, daß ich, Cosmo und viele andere Intellektuelle der damaligen Zeit (man kann sagen,
in den ersten fünfzehn Jahren des Jahrhunderts) uns auf
einem gemeinsamen Terrain bewegten, das folgendermaßen aussah: wir nahmen ganz oder teilweise an der Bewegung der moralischen und intellektuellen Reform teil,
die in Italien von Benedetto Croce propagiert wurde und
die in erster Linie darin bestand, daß der moderne Mensch
ohne Religion leben kann und muß, und das bedeutet:
ohne geoffenbarte oder positive oder mythologische Re-

ligion oder wie man sonst sagen will. Dies scheint mir auch heute noch der größte Beitrag zur Weltkultur zu sein, den die italienischen Intellektuellen geleistet haben, eine kulturelle Eroberung, die nicht wieder verlorengehen darf. Deshalb mißfiel mir jener etwas apologetische Ton, und mir kam jener Zweifel. Jetzt täte es mir leid, wenn der alte Professor meinetwegen gelitten hätte, besonders weil aus dem Brief hervorgeht, daß er schwerkrank gewesen ist. Dennoch hoffe ich, ihn noch einmal wiedersehen zu können und mit ihm eine der langen Diskussionen aufzunehmen, die wir manchmal in den Kriegsjahren führten, wenn wir nachts durch die Straßen von Turin wanderten.

[. . .] Ich umarme Dich zärtlich.

Antonio

LETT 205
1 Gramsci studierte während seiner Studienzeit an der Universität Turin (1911–1915) italienische Literatur bei Umberto Cosmo (1868–1944). Nach dem Ersten Weltkrieg war Cosmo einige Zeit Botschaftsrat in Berlin. 1929 wurde er wegen antifaschistischen Verhaltens unter Arrest gestellt. 1932 wurde er aus dem Universitätsdienst entfernt. Gramsci hatte in einem Brief vom 23. Februar 1931 den Wunsch geäußert, Nachricht über Cosmo zu erhalten. Piero Sraffa schrieb daraufhin Cosmo und erhielt von ihm einen Brief, auf den Gramsci anspielt.

7. September 1931

Liebste Tatjana,

von Carlo habe ich erfahren, daß Du ihm einen Brief über meinen schlechten Gesundheitszustand geschrieben hast, in dem Du Dich sehr beunruhigt zeigtest. Auch Dr. Cisternini hat mir gesagt, er habe einen Brief von Dir erhalten, der sehr besorgt war. Das hat mir sehr leid getan, denn es scheint mir keinen Grund zur Beunruhigung zu geben. Du mußt wissen, daß ich schon einmal gestorben und wieder zum Leben zurückgekehrt bin, was immerhin zeigt, daß ich ein dickes Fell habe. Als ich vier Jahre alt war, verlor ich in drei Tagen soviel Blut, daß man mich wie ausgeblutet und in Krämpfen windend vorfand. Der Arzt hielt mich schon für tot, und meine Mutter bewahrte bis 1914 den kleinen Sarg und das Hemdchen auf, die für meine Beerdigung angefertigt worden waren. Eine Tante behauptete, ich sei zum Leben zurückgekehrt, als sie meine Füße mit dem Öl einer Lampe bestrichen habe, die der Madonna geweiht war, und als ich mich später weigerte, die religiösen Bräuche mitzumachen, machte sie mir bittere Vorwürfe und erinnerte mich daran, daß ich der Madonna mein Leben verdanke. Was allerdings, ehrlich gesagt, kaum Eindruck auf mich machte. Seitdem bin ich, abgesehen von nervösen Erschöpfungen und schlechter Verdauung, nie mehr ernstlich krank gewesen, obwohl ich nie sehr kräftig war. Ich habe mich nicht über Deinen hochwissenschaftlichen Brief geärgert, denn er brachte mich einfach zum Lachen und erinnerte mich an eine französische Novelle, die ich Dir allerdings nicht erzählen werde, damit Du Dich nicht ärgerst. Ich habe immer eine große Meinung von den Ärzten und der Medizin gehabt, wenn auch mehr von den Tierärzten, denn diese behandeln Tiere, die nicht sprechen und die Symptome ihrer Krankheit nicht beschreiben können. Das zwingt die Tierärzte zu großer Sorgfalt (die Tiere kosten Geld, während der Mensch nichts kostet und mancher von ihnen sogar einen negativen Wert hat), während die Humanmediziner nicht immer bedenken, daß die Menschen die Sprache auch dazu benutzen können, die Unwahrheit zu sagen oder wenigstens irreführende Eindrücke mitzuteilen. – Also, ich habe mich ziemlich erholt (ich bin übrigens nicht einmal eine halbe Stunde länger als sonst im Bett geblieben und immer spazierengegangen). Das Fieber ist insgesamt gesehen gesunken und steigt sehr selten nur auf 37.2 Grad an. Sicher hängt das mit der Verdauung zusammen (zumindest empirisch; ich weiß nicht, ob auch wissenschaftlich): z. B. esse ich seit einigen Tagen morgens zweihundert bis dreihundert Gramm Weintrauben; kurz nach dem Aufstehen habe ich 36,2, wenn ich aber die Weintrauben gegessen habe, steigt die Temperatur auf 36,9. Ich habe den Eindruck, daß es mir viel besser geht, und ich werde schnell wieder auf den Beinen sein. – Ich möchte auf einiges in Deinem Brief vom 28. August antworten, in dem Du auf meine Arbeit über die ›italienischen Intellektuellen‹ anspielst. Es ist klar, daß Du mit Piero [Straffa] gesprochen hast, denn bestimmte Sachen kann nur er Dir gesagt haben. Aber die Situation war anders. In zehn Jahren journalistischer Arbeit habe ich so viele Zeilen geschrieben, daß man daraus fünfzehn bis zwanzig Bände zu je vierhundert Seiten machen könnte, aber sie waren dem Tagesgeschehen gewidmet und meiner Meinung nach dazu bestimmt, mit diesem unterzugehen. Ich habe mich immer geweigert, eine Auswahl, und sei es nur eine sehr begrenzte, daraus zu machen. Prof. Cosmo wollte 1918 von mir die Erlaubnis zu einer Auswahl von bestimmten Kommentaren, die ich täglich für einer Turiner Zeitung schrieb, haben.[1] Er hätte sie mit einem sehr wohlwollenden und für mich ehrenvollen Vorwort herausgegeben, aber ich wollte es nicht erlauben. Im November 1920 ließ ich mich von Giuseppe Prezzolini dazu überreden, von seinem Verlag eine Sammlung von Artikeln publizieren zu lassen, die in der Tat einen inneren Zusammenhang besaßen[2], aber im Januar 1921 zog ich es vor, die Kosten des schon fertiggestellten Teils der Sammlung zu übernehmen und das Manuskript zurückzuziehen. Und im Jahre 1924 schlug mir der Abgeordnete Franco Ciarlantini vor, ein Buch über die ›Ordine-Nuovo‹-Bewegung zu schreiben, das er dann in einer von ihm herausgegebenen Reihe publizieren lassen wollte, in der schon Bücher von MacDonald, Gompers usw.[3] erschienen waren. Er verpflichtete sich, auch nicht ein Komma zu ändern und dem Buch kein Vorwort und keine Anmerkung polemischer Art hinzuzufügen. Ein Buch zu derartigen Bedingungen in einem faschistischen Verlag erscheinen zu lassen, war eine sehr verlockende Sache, aber ich lehnte ab. Heute denke ich, es wäre vielleicht besser gewesen, zu akzeptieren. Für Piero lag die Sache anders: alle seine Schriften zur Ökonomie waren sehr geschätzt und riefen lange Diskussionen in den einschlägigen Zeitungen hervor. Ich habe in einem Artikel des Senators Einaudi[4] gelesen, daß Piero eine kritische Ausgabe des englischen Ökonomen David Ricardo vorbereitet. Einaudi lobt dies Vorhaben sehr, und auch ich bin sehr darüber erfreut. Ich hoffe, fließend Englisch zu können, um Ricardo im Urtext zu lesen, wenn diese Edition herauskommt. Die Studie, die ich über die Intellektuellen angefertigt habe, ist sehr breit angelegt, und ich glaube wirklich nicht, daß es in Italien über dies Thema schon Bücher gibt. Natürlich existiert viel gelehrtes Material, aber zerstreut in einer endlosen Zahl von Zeitschriften und lokalen Geschichtsarchiven. Zudem fasse ich den Begriff ›Intellektuelle‹ sehr weit und halte mich nicht an den gängigen Begriff, der sich nur auf die großen Intellektuellen bezieht. Diese Studie hat auch ihre Auswirkungen auf gewisse Bestimmungen des Staatsbegriffs, der normalerweise als politische Gesellschaft (oder Diktatur bzw. Zwangsapparat zur Ausrichtung des Volkes auf den jeweiligen Typ der Produktion und Wirtschaft) verstanden wird und nicht als ein Gleichgewicht zwischen politischer und bürgerlicher Gesellschaft (oder als Hegemonie einer sozialen Gruppe über die gesamte Nation vermittels der sog. privaten Institutionen wie Kirche, Gewerkschaften, Schulen usw.). Und besonders in der bürgerlichen Gesellschaft üben die Intellektuellen ihre Funktion aus (Benedetto Croce z. B. ist eine Art Laienpapst und ein äußerst wirksames Instrument der Hegemonie, auch wenn er sich ab und zu im Gegensatz zu dieser oder jener Regierung befindet). Von diesem Begriff der Funktion der Intellektuellen aus wird meiner Meinung nach auch der Grund oder einer der Gründe des Verfalls der mittelalterlichen Stadtstaaten deutlich, d. h. der Herrschaft einer ökonomischen Klasse, die es nicht verstand, sich eine eigene Kategorie von Intellektuellen zu schaffen und über die Zwangsherrschaft hinaus eine Hegemonie auszuüben. Die italienischen Intellektuellen besaßen keinen volkstümlich-nationalen, sondern einen kosmopolitischen Charakter nach dem Vorbild der Kirche, und Leonardo [da Vinci] verkaufte ohne Bedenken dem Herzog Valentino[5] die Zeichnungen der Festungsanlagen von Florenz. Die Stadtstaaten repräsentierten also einen syndikalistischen Zustand, dem es nicht gelang, über sich hinauszuwachsen und zu einem integralen Staat zu werden, wie ihn vergebens Machiavelli anstrebte, der mit Hilfe der Organisation des Heeres die Hegemonie der Stadt über das Land ausüben wollte und deshalb der erste italienische Jakobiner genannt werden kann (der zweite war Carlo Cattaneo[6], aber mit zuviel verrückten Ideen im Kopf). Aus alledem wird deutlich, daß die Renaissance als eine reaktionäre und repressive Bewegung betrachtet werden muß im Gegensatz zur Entwicklung der Stadtstaaten. Ich mache Dir diese Andeutungen, um Dich davon zu überzeugen, daß jede Periode der italienischen Geschichte, angefangen vom Römischen Reich bis zum Risorgimento, unter diesem monographischen Aspekt betrachtet werden muß. Übrigens werde ich, falls ich Lust dazu habe und es mir höherenorts erlaubt wird, einen Entwurf der Materie anfertigen, der nicht weniger als fünfzig Seiten umfassen dürfte, und ihn Dir schicken. Ich wäre darum sehr froh, wenn ich die Bücher zur Hand hätte, die mir bei der Arbeit helfen und mich zum Nachdenken anregen könnten. Entsprechend werde ich Dir in einem der nächsten Briefe die Zusammenfassung eines Aufsatzes über den zehnten Gesang des ›Inferno‹[7] liefern, in der Absicht, daß Du sie Prof. Cosmo übergibst, der mir als Dantespezialist sagen kann, ob ich auf der falschen Fährte bin oder ob es wirklich die Mühe wert ist, einen Beitrag zu verfassen, um der Unzahl solcher Bemerkungen, die schon geschrieben wurden, eine Kleinigkeit hinzuzufügen.

Ich glaube nicht, daß ich mit dem Studieren aufhören oder den Mut verlieren werde, nur weil ich meine Untersuchungen über einen bestimmten Punkt nicht hinaustreiben kann. Ich habe eine gewisse erfinderische Fähigkeit noch nicht verloren in dem Sinne, daß mich alles Wichtige, das ich lese, zum Nachdenken darüber anregt: wie würde ich einen Aufsatz über dies Thema aufbauen? Ich denke mir eine Einleitung und einen zündenden Schluß aus und dazwischen eine Reihe von Argumenten, die wie die Faust aufs Auge passen, und dabei habe ich mein eigenes Vergnügen. Natürlich schreibe ich solche Teufelein nie nieder, ich beschränke mich darauf, über philologische und philosophische Themen zu schreiben, solche, von denen Heine schrieb: sie waren so langweilig, daß ich einschlief, aber die Langeweile war so groß, daß sie mich zwang aufzuwachen. Ich umarme Dich zärtlich.

Antonio

LETT 210
[1] Es handelte sich dabei um Artikel, die Gramsci unter der Rubrik ›Sotto la mole‹ von 1916 bis 1920 in der Turiner Ausgabe des ›Avanti!‹ schrieb.
[2] Es handelt sich vielleicht um Artikel aus der von Gramsci herausgegebenen Wochenzeitschrift ›Ordine-Nuovo‹.
[3] J. Ramsay MacDonald (1866–1937), englischer Politiker und Ministerpräsident der ersten Labour-Regierung von 1923. Samuel Gompers (1850–1924), amerikanischer Gewerkschaftler, 1886 Präsident der ›American Federation of Labor‹.
[4] Luigi Einaudi (1874–1961) italienischer Finanzwissenschaftler. 1919 Senator, 1948 italienischer Staatspräsident.
[5] Cesare Borgia, (1475–1507), Sohn Papst Alexanders VI., Herzog von Valentino. Vorbild für Machiavellis *Principe*.
[6] Carlo Cattaneo (1801–1869), italienischer Historiker und republikanischer Freiheitskämpfer.
[7] Erster Teil der *Göttlichen Komödie* Dantes.

13. September 1931

Liebste Tatjana,

[...] Bei einer Deiner Karten, in der Du von Deinen Kinobesuchen und insbesondere von dem Film ›Zwei Welten‹[1] sprichst, haben mich gewisse Bemerkungen von Dir sehr erstaunt. Wie kannst Du nur denken, diese zwei Welten existierten wirklich? Dies ist eine Art zu denken, wie sie den ›Schwarzhundertschaften‹[2] und dem ›Ku-Klux-Klan‹ oder deutschen Hakenkreuzlern würdig wäre. Und wie kannst ausgerechnet Du so etwas sagen, wo Du doch zu Hause das lebende Beispiel hattest: hat es jemals einen derartigen Bruch zwischen Deinem Vater und Deiner Mutter gegeben oder sind sie nicht noch immer eng vereint?[3] Der Film ist sicher österreichischer Herkunft, ein Produkt des Nachkriegsantisemitismus. In Wien wohnte ich bei einer abergläubischen, kleinbürgerlichen Alten[4], die mich, bevor sie mich als Mieter nahm, fragte, ob ich jüdisch oder römisch-katholisch sei. Sie lebte recht und schlecht von der Vermietung zweier Zimmer und nutzte den Umstand aus, daß im Jahre 1918 während der kurzen Räteregierungszeit ein Gesetz erlassen worden war, das bei der Mietzahlung die Inflation nicht anerkannte. Ich zahlte dreieinhalb Millionen Kronen im Monat (also 350 Lire), während die Vermieterin höchstens tausend Kronen an den Hausbesitzer zahlte. Als ich abreiste, bat mich ein Botschaftssekretär, dessen Frau wegen ihres scharlachkranken Sohns in Wien bleiben mußte, ich sollte ihm für seine Frau das Zimmer reservieren lassen. Nachmittags sprach ich mit der Wirtin, und sie sagte zu. Am nächsten Morgen klopfte die Wirtin ganz früh bei mir an und sagte: »Ich habe gestern vergessen zu fragen, ob die neue Mieterin Jüdin ist, denn ich vermiete nicht an Juden.« Nun war die neue Mieterin in der Tat ukrainische Jüdin. Was sollte ich also tun? Ich sprach darüber mit einem Franzosen, der mir sagte, es gebe nur eine Lösung: der Wirtin zu sagen, ich könne diskreterweise die neue Mieterin nicht fragen, ob sie Jüdin sei, aber ich wüßte, sie sei eine Botschaftssekretärin. Denn so sehr die Kleinbürger die Juden hassen, so sehr kriechen sie vor der Diplomatie. Und so war es: die Wirtin hörte mich an und antwortete mir: »Wenn sie Diplomatin ist, so gebe ich ihr natürlich das Zimmer, denn die Diplomaten kann man nicht danach fragen, ob sie Juden sind oder nicht.« Würdest Du also jetzt noch behaupten, in der gleichen Welt zu leben wie diese Wienerin?

Ich umarme Dich zärtlich.   Antonio

LETT 212
[1] Der Film ›Zwei Welten‹ wurde 1930 vom deutschen Regisseur E. A. Dupont gedreht und hatte in Italien großen Erfolg. Er be-

handelt einige Aspekte des Antisemitismus in Polen während des Ersten Weltkriegs.

[2] Terroristische russische Organisation, die zu Beginn des Jahrhunderts mit Hilfe der Polizei revolutionäre Bewegungen bekämpfte und die Bevölkerung zu Pogromen anstachelte.

[3] Tatjanas Mutter war jüdischer Abstammung.

[4] Gramsci wohnte nach seiner Rückkehr aus Moskau vom November 1923 bis zum Mai 1924 in Wien. Von hier aus bereitete er die Bildung der neuen Führungsspitze der Kommunistischen Partei Italiens vor. Vgl. dazu P. Togliatti, Die Entstehung der Führungsgruppe der Kommunistischen Partei Italiens in den Jahren 1923–1924. In: P. Togliatti, *Ausgewählte Schriften,* Frankfurt 1967.

5. Oktober 1931

Liebste Tanja,

[. . .] Daß Du die Frage, die Du Dir im Zusammenhang mit den sog. ›zwei Welten‹ gestellt hast, herunterspielst, ändert nichts an der Tatsache, daß Dein Standpunkt grundsätzlich falsch ist, und es beeinträchtigt in keiner Weise meine Behauptung, es handle sich dabei – wenn auch nur ungefähr – um eine Ideologie der ›Schwarzhundertschaften‹. Ich verstehe sehr gut, daß Du nicht an einem Pogrom teilnehmen würdest; damit aber überhaupt ein Pogrom stattfinden kann, muß die Ideologie der ›zwei Welten‹, die unvereinbar sind, der Rassen usw. sehr verbreitet sein. Dies bildet jene unwägbare Atmosphäre, die die ›Schwarzhundertschaften‹ ausnutzen, indem sie ein verblutetes Kind auffinden lassen und dann die Juden beschuldigen, sie hätten es für das Ritualopfer ermordet. Der Ausbruch des Weltkriegs hat gezeigt, wie die herrschenden Klassen und Gruppen diese scheinbar unschädlichen Ideologien ausnutzen, um die Wogen der öffentlichen Meinung zu lenken. Die Sache erscheint mir in Deinem Fall so erstaunlich, daß mir ist, als hätte ich Dich nicht gern, wenn Du Dich nicht von jedem Vorurteil in dieser Frage völlig befreitest. – Was willst Du mit dem Ausdruck ›zwei Welten‹ sagen? Daß es sich um zwei Welten handelt, die sich nicht annähern und in Kontakt treten können? Wenn Du nicht so etwas meinst und wenn es sich um einen metaphorischen Ausdruck handelt, dann besagt er wenig, denn metaphorisch gesehen gibt es zahllose Welten bis herab zu denen, auf die das ländliche Sprichwort zielt: »Nimm Frau und Vieh vom Dorf dahie.« Wievielen Gesellschaften gehört ein Individuum an? Und macht nicht jeder von uns ständige Anstrengungen, um seine eigene Weltvorstellung zu vereinheitlichen, in der heterogene Trümmer fossiler Kulturwelten weiterexistieren? Und gibt es nicht einen allgemeinen geschichtlichen Prozeß, der auf die immer größere Vereinigung des ganzen Menschengeschlechts zielt? Entdecken wir beide nicht während unserer Korrespondenz fortgesetzt Mißhelligkeiten und achten zugleich darauf, daß wir uns über bestimmte Probleme einig werden, und gelingt uns das nicht auch? Und tendiert nicht jede Gruppe oder Partei, jede Sekte oder Religion dahin, sich einen eigenen ›Konformismus‹ zu schaffen (nicht im Sinne einer Herde oder bloßer Mitläuferschaft)? – Wichtig bei der Frage ist die Tatsache, daß die Juden erst 1848 aus dem Getto befreit wurden und fast zweitausend Jahre lang unfreiwillig, aufgrund äußeren Zwangs, im Getto und in jeder Weise getrennt von der europäischen Gesellschaft lebten. Von 1848 an verlief der Prozeß der Assimilation im Westen so schnell und tiefgreifend, daß man meinen kann, nur die künstlich errichtete Trennung hätte ihre Assimilation in den verschiedenen Ländern verhindert, wenn nicht bis zur französischen Revolution das Christentum die einzige ›staatliche Kultur‹ gewesen wäre, die eben die Absonderung der unbekehrbaren Juden forderte (damals; heute nicht mehr, weil die Juden heute vom Judentum zum reinen und einfachen Deismus oder zum Atheismus übergehen). In jedem Fall ist darauf hinzuweisen, daß viele Charakterzüge, die als Rassenmerkmale angesehen wurden, in Wirklichkeit durch das in verschiedenen Ländern verschieden ausgeprägte Gettoleben verursacht wurden. Weshalb eben ein englischer Jude fast nichts mit einem galizischen Juden gemein hat. Gandhi repräsentiert heute offenbar die Hindu-Ideologie. Aber die Hindus haben die Dravida, die Ureinwohner Indiens, zu Parias gemacht. Sie waren ein kriegerisches Volk, und erst nach der mongolischen Invasion und der Eroberung durch die Engländer haben sie einen Menschen wie Gandhi hervorbringen können. Die Juden haben keinen Nationalstaat, keine Einheit der Sprache, der Kultur, des Wirtschaftslebens seit zwei Jahrtausenden. Wie könnte man also eine Aggressivität usw. bei ihnen finden? Aber auch die Araber sind Semiten, Blutsbrüder der Juden, und haben ihre Periode der Aggressivität und des Versuchs, ein Weltreich aufzubauen, gehabt. Insoweit nun aber die Juden Bankiers und Herren des Finanzkapitals sind, wie kann man da behaupten, sie hätten nicht an der Aggressivität der imperialistischen Staaten teil?

Ich erhalte in diesem Augenblick Deinen Brief vom 2. Oktober und sehe, daß es nicht gut war, diese Diskussion weiterzuführen, sondern daß man sie nur in einem Gespräch weiterführen könnte, in dem durch den Ton der Stimme, die Möglichkeit zur Richtigstellung und zur Erläuterung des Gesagten Mißverständnisse und Schroffheiten vermieden werden können. Andererseits will ich es diese Woche nicht unterlassen zu schreiben, und deshalb schicke ich Dir den Brief so wie er ist . . .
Ich umarme Dich zärtlich.

Antonio

LETT 216

12. Oktober 1931

Liebste Tanja,
ich habe Deine Karte vom 10. Oktober erhalten, sie hat in nichts die Wirkung Deines Briefs vom 2. gemildert. Dieser Brief war nicht scharf, aber beleidigend. Was sollte es heißen, daß ich mit Dir ›Blindekuh‹ spiele und Dich in die Enge treiben will. Ich müßte mit harten Worten antworten, aber mir scheint es angebrachter, in Zukunft eine Wiederholung von derlei bedauerlichen Zwischenfällen zu vermeiden, um nicht schlimmere Ausdrücke zu gebrauchen. So ist eine Deiner Anspielungen auf meine frühere journalistische Tätigkeit nichts anderes als ein ›imbelle telum sine ictu‹, um einen pompösen Ausdruck zu gebrauchen. Ich bin niemals ein berufsmäßiger Journalist gewesen, der seine Feder an den Meistbietenden verkauft und ständig lügen muß, weil die Lüge zum Beruf gehört. Ich war immer ein völlig freier Journalist, habe immer dieselbe Meinung vertreten und habe nie meine tiefsten Überzeugungen verbergen müssen, um den Vorgesetzten oder ihren Handlangern zu gefallen. Du schreibst, es habe Dir wehgetan, als ich Dir schrieb, Du habest Deine Meinung über die Juden gemildert. Du hast Recht in dem Sinne, daß Du nichts gemildert hast, denn in Deiner Meinung steckt von allem etwas, aber in jedem Brief etwas anderes. Anfangs gab es da einen Standpunkt, der auf Antisemitismus hinauslief; dann vertratest Du einen jüdischen bzw. zionistischen Nationalismus und schließlich den Standpunkt der alten Rabbiner, die sich gegen die Zerstörung der Gettos wehrten, weil sie sahen, daß das Verschwinden dieser an ein abgesondertes Gebiet

gebundenen Gemeinschaften zur Auflösung der ›Rasse‹ und zur Lockerung der religiösen Bindungen führte, die sie wie zu einer einzigen Persönlichkeit verbanden. Sicher war es von mir falsch zu diskutieren. Es wäre richtiger gewesen, sich darüber lustig zu machen und dem die Theorie des britischen ›Phlegmas‹, des französischen ›Temperaments‹, der deutschen ›Treue‹, der spanischen ›Grandezza‹, des italienischen ›Kombinationsgeistes‹ und schließlich der slawischen ›Faszination‹ entgegenzusetzen, alles Dinge, die für einen Hintertreppenroman sehr brauchbar sind oder einen Unterhaltungsfilm. Oder ich hätte die Frage aufwerfen können, wie der ›wahre‹ Jude oder der Jude ›als solcher‹ und auch der Mensch ›als solcher‹ aussieht, der sich wohl in keinem anthropologischen oder soziologischen Museum befindet. Und was bedeutet heute noch für die Juden die Vorstellung von Gott als dem ›Gott der Heerscharen‹ und die Rede der Bibel vom ›auserwählten Volk‹ und der Sendung des jüdischen Volkes, was an die Reden Wilhelms [II.] vor dem Weltkrieg erinnert? Marx schrieb, die jüdische Frage habe aufgehört zu existieren, seit die Christen alle Juden geworden seien, indem sie das Wesentliche des Judentums aufnahmen, die Spekulation; oder daß die Lösung der Judenfrage dann stattfindet, wenn Europa von der Spekulation oder vom Judentum allgemein befreit ist[1]. Die einzige Weise, die Frage allgemein zu lösen, scheint mir darin zu liegen, daß der jüdischen Gemeinde das Recht auf kulturelle Autonomie (Sprache, Schule usw.) und auch auf nationale Autonomie zugestanden wird, falls es ihr in irgendeiner Weise gelänge, in einem bestimmten eigenen Land zu leben. Alles andere scheint mir Mystizismus von der schlechten Sorte zu sein, gut für die kleinen intellektuellen Juden des Zionismus, wie auch die Frage der ›Rasse‹, wenn sie in einem anderen als rein anthropologischen Sinne verstanden wird. Schon zu Christi Zeiten sprachen die Juden nicht mehr ihre Sprache, die zu einer liturgischen Sprache geworden war, sondern sie sprachen Aramäisch. Wenn eine Rasse ihre alte Sprache vergessen hat, so bedeutet das, daß sie einen großen Teil des Erbes der Vergangenheit, der ursprünglichen Weltauffassung verloren und die Kultur eines Eroberervolkes (in der Sprache) angenommen hat. Was bedeutet in einem solchen Fall noch Rasse? Es handelt sich dann offensichtlich um eine neue, moderne Gemeinschaft, die ihr passives

oder geradezu negatives Gepräge durch das Getto emp-
fangen und im Rahmen dieser neuen gesellschaftlichen
Situation eine neue ›Natur‹ entwickelt hat. – Es ist seltsam, daß Du Dich innerhalb dieses allgemeinen Problems
nicht des Historismus bedienst und dann von mir eine
historistische Erklärung des Umstandes verlangst, daß
einige Kosakenstämme glaubten, die Juden trügen
Schwänze. Es handelt sich um eine Anekdote, die mir ein
Jude erzählte, der politischer Kommissar bei einer Sturm-
abteilung der Kosaken in Orenburg während des russisch-
polnischen Kriegs im Jahre 1920 war. Diese Kosaken hatten in ihrem Land keine Juden und stellten sie sich vor,
wie sie von der offiziellen und klerikalen Propaganda hin-
gestellt wurden, als Monsterwesen, die Gott umgebracht
hatten. Sie wollten nicht glauben, daß der politische Kommissar Jude war: »Du bist einer von uns – sagten sie ihm –
du bist kein Jude, du bist voller Wunden von polnischen
Lanzenstichen, du kämpfst mit uns zusammen, die Juden
sind anders.« Auch in Sardinien stellt man sich die Juden
ganz verschieden vor: da gibt es den Ausdruck ›arbeu‹,
der ein legendäres Ungeheuer an Häßlichkeit und Schlech-
tigkeit bedeutet; da gibt es den ›giudeo‹, der Jesus Chri-
stus umgebracht hat, aber dabei wird unterschieden zwischen einem guten und einem schlechten ›giudeo‹, denn
der barmherzige Nikodemus half Maria, ihren Sohn vom
Kreuz zu nehmen. Aber für den Sarden haben die Juden
nichts mit der heutigen Zeit zu tun. Wenn man ihm sagt,
der und der sei ein Jude, so fragt er, ob er wie Nikodemus
sei, aber allgemein glaubt er, man meine einen schlechten
Christen wie diejenigen, die den Tod Christi wollten. Und
da gibt es noch die Bezeichnung ›marranu‹, die von dem
Wort ›marrano‹ herkommt, mit dem man in Spanien
einen Juden bezeichnete, der sich nur zum Schein bekehrt
hatte, und das auf Sardisch einen allgemein beleidigenden
Sinn hat. Im Gegensatz zu den Kosaken unterscheiden die
Sarden nicht zwischen Juden und anderen Menschen, weil
sie nicht von der Propaganda bearbeitet wurden. –
Auf diese Weise habe ich meinerseits das Problem erledigt, und ich werde mich auch nicht mehr dazu verleiten
lassen, andere anzugehen. Das Problem der Rassen, soweit es außerhalb der Anthropologie aufgeworfen wird,
interessiert mich ebensowenig wie die prähistorischen Untersuchungen (Dein Hinweis auf die Bedeutung der Gräber für die Kultur ist also wertlos; das trifft nur für die

ältesten Zeiten zu, von denen die Gräber die einzigen unzerstörten Denkmäler sind, weil in die Gräber Gegenstände des täglichen Lebens zu den Toten gelegt wurden. Jedenfalls geben uns die Gräber nur sehr begrenzten Aufschluß über die Zeit, in der sie angelegt wurden; einen Eindruck von der Geschichte der Gebräuche bzw. eines Teils der religiösen Riten. Und sie beziehen sich zudem nur auf die gehobenen und reichen Klassen und oft auf fremde Beherrscher des Landes und nicht auf das Volk). Ich selbst gehöre keiner Rasse an (mein Vater ist neualbanischer Herkunft; die Familie floh nach oder während des Kriegs von 1821 aus Epirus und italianisierte sich rasch); meine Großmutter war eine Gonzales und entstammte einer italo-spanischen Familie aus Süditalien (die, wie viele andere, nach dem Ende der spanischen Herrschaft dablieben). Meine Mutter ist Sardin väterlicher- und mütterlicherseits, und Sardinien wurde erst 1847 Teil von Piemont, nachdem es ein persönliches Lehen und Besitztum der piemontesischen Fürsten gewesen war, die es gegen Sizilien eingetauscht hatten, das zu weit entfernt und schwer zu verteidigen war. Trotzdem ist meine Kultur grundsätzlich italienisch, und dies ist meine Welt: mir ist niemals eingefallen, zwischen zwei Welten zu leben, obwohl das im März 1920 im ›*Giornale d'Italia*‹ behauptet wurde, wo meine politische Tätigkeit in Turin in einem zweispaltigen Artikel unter anderem dadurch erklärt wurde, daß ich Sarde bin und nicht Piemonteser oder Sizilianer usw. Meine albanische Herkunft wurde nicht aufs Tapet gebracht, weil auch Crispi[2] Albanier war, in einem albanischen Internat aufgezogen worden war und albanisch sprach. Übrigens sind diese Fragen in Italien niemals aufgeworfen worden, und in Ligurien erschrickt niemand, wenn ein Matrose eine Negerin als Frau mit nach Hause bringt. Sie kommen nicht mit angefeuchtetem Finger an, um zu sehen, ob die schwarze Farbe abgeht, und glauben nicht, daß die Bettücher schwarz werden [. . .]
Ich umarme Dich zärtlich.

Antonio

LETT 217
[1] Vgl. K. Marx: *Zur Judenfrage*. Marx-Engels Werke Bd. 1 Berlin 1970, S. 347–377.
[2] Francesco Crispi (1818–1901), war von 1887 bis 1891 und von 1893 bis 1896 italienischer Ministerpräsident. Unter seiner Regierung wurde der erste, fehlgeschlagene Versuch der Eroberung Abessiniens unternommen.

Liebste Tanja,

ich habe von Dir eine Karte vom 12. erhalten, die andere, die Du erwähntest, jedoch nicht. Ich schreibe auch diese Woche nicht an Giulia, und zwar aus mehreren Gründen: ich fühle mich nicht gut und kann meine Gedanken nicht wie ich möchte konzentrieren, und außerdem schaffe ich es nicht, die günstigste und geeignetste Haltung zu ihrer derzeitigen Lage und ihrem psychischen Zustand einzunehmen. All das erscheint mir schrecklich schwierig und kompliziert. Ich suche den richtigen Faden, aber ich kann ihn nicht finden und bin auch nicht sicher, ob ich ihn jemals finden werde. Ich will mich ein bißchen mit Dir über diese Sachen unterhalten, damit Du versuchen kannst, mir zu helfen. Es stimmt, daß ich Dir ein ganzes Buch schreiben müßte, um alles Notwendige aufzuzählen (das allerdings nur meinen Eindrücken und Erfahrungen entstammt, die nicht anders als einseitig sein können), aber man tut, was man kann. Mein wesentlicher Eindruck ist folgender: die deutlichsten Symptome für den Zustand psychischer Unausgeglichenheit, in dem sich Giulia befindet, sind nicht so sehr die äußerst unbestimmten Fakten, auf die sie sich beruft und die angeblich der Grund für die psychoanalytische Behandlung sind, als vielmehr der Umstand, daß sie sich dieser Behandlung unterzieht und soviel Vertrauen in sie setzt. Ich habe sicher keine weitläufigen und präzisen Kenntnisse der Psychoanalyse, aber von dem Wenigen, was ich davon weiß, läßt sich zumindest auf einige Punkte schließen, die man bei der Psychoanalyse als richtig ansehen kann, nachdem sie von allen gauklerischen und hexenmeisterlichen Bestandteilen gereinigt ist. Der wichtigste Punkt scheint mir dabei folgender zu sein: daß die psychoanalytische Behandlung nur für denjenigen Bereich sozialer Elemente nützlich sein kann, der von der romantischen Literatur ›Erniedrigte und Beleidigte‹ genannt wurde und der größer und vielfältiger ist, als es normalerweise den Anschein hat. D. h. für jene Personen, die zwischen die eisernen Gegensätze des modernen Lebens geraten sind (um nur von der Gegenwart zu sprechen, aber jede Zeit hat eine Gegenwart gehabt im Gegensatz zur Vergangenheit) und es nicht schaffen, sich in diesen Gegensätzen zurechtzufinden und sie zu überwinden, indem sie eine neue moralische Gelassenheit und Ruhe erreichen, d. h. ein Gleichgewicht zwischen den Willensimpulsen und den zu erreichenden Zielen. Die Lage wird dramatisch in bestimmten historischen Augenblicken und bestimmten Milieus, wenn nämlich das Milieu bis zum Zerreißen angespannt ist, wenn ungeheure kollektive Kräfte freigesetzt werden, welche die einzelnen Individuen bis zum Zerreißen belasten, um den höchsten Einsatz des Willensimpulses zur Schöpfung zu erlangen. Diese Situationen werden für die sehr feinnervigen und sensiblen Charaktere katastrophal, während sie für die rückständigen gesellschaftlichen Momente notwendig und unerläßlich sind, z. B. für die Bauern, deren Nerven in höherem Maße angespannt und erregt werden können, ohne zu leiden. Vielleicht habe ich Dir schon einigemale von den erstaunlichen Dingen erzählt, die sich im Sanatorium von Serebrjanyj Bor[1] abspielten, wo ich Genia und Giulia kennenlernte, und zwar vom Schauspiel der Kranken, die im schlechtesten Zustand ankamen und nach drei bis vier Monaten der Ruhe und mittelmäßiger Verpflegung, die allerdings über dem Durchschnitt dessen lag, was sie sonst gewohnt waren, 16–18 Kilo zunahmen, wieder aufblühten und die Fähigkeit zu tätigem Leben wiedererlangten. Aber diese Personen trugen in sich nicht einen Funken jenes romantischen Fanatismus. Sie waren moralisch gesund und ausgeglichen, sie stellten sich nicht unlösbare Probleme, um dann daran zu verzweifeln und sich für unfähig, willenlos und ohne Persönlichkeit zu halten, ›vor sich selbst auszuspucken‹, wie man in Italien sagt. Giulia, so scheint mir, leidet an ›unlösbaren‹, unwirklichen Problemen, kämpft gegen Hirngespinste, die ihre konfuse und fiebernde Phantasie hervorgebracht hat. Und da sie natürlich nicht selbst lösen kann, wofür niemand eine Lösung besitzt, so fühlt sie das Bedürfnis, sich an eine äußere Autorität anzulehnen, an einen Hexenmeister oder Psychoanalytiker. Ich glaube also, daß ein Kulturmensch (im deutschen Sinne des Wortes), ein tätiges Element der Gesellschaft, wie es sicher Giulia ist, der einzige und beste psychoanalytische Arzt für sich selbst sein muß und ist. Was soll denn das heißen, wenn sie z. B. schreibt, sie müßte studieren usw.? Jeder muß immer studieren und sich theoretisch und beruflich weiterbilden, und zwar als Repräsentant schöpferischer Tätigkeit. Warum soll man glauben, daß dies ein persönliches Problem, ein Zeichen persönlicher Unzulänglichkeit ist? Jeder erarbeitet und verbessert jeden Tag seine eigene Persönlichkeit und den eigenen Charakter, kämpft gegen die Instinkte, Impulse, schlechten und unsozialen Neigungen und paßt sich einem immer höheren Niveau kollektiven Lebens an. Daran ist nichts Außergewöhnliches und individuell Tragisches. Jeder lernt von seinen Nächsten und Vertrauten, verliert und gewinnt, vergißt und gewinnt Kenntnisse, Wesenszüge und Gewohnheiten. Giulia schreibt, heute würde sie sich nicht mehr gegen einen möglichen intellektuellen und moralischen Einfluß meinerseits wehren, und deshalb fühlt sie sich mit mir enger verbunden. Aber ich glaube, daß sie sich auch in der Vergangenheit nicht in dem Maße und in der dramatischen Weise gewehrt hat, wie sie selbst meint; und habe ich mich vielleicht nicht auch gegen ihren Einfluß gewehrt und mich selbst im Kontakt mit ihrer Persönlichkeit verändert? Ich habe über diesen Prozeß in mir nie Theorien entwickelt und mich nicht vor ihm geängstigt, aber nicht bloß deshalb ist der Prozeß nicht zu meinem Vorteil verlaufen. –

Liebe Tanja, ich höre auf, abzuschweifen. In jedem Fall glaube ich, Dir einige Elemente geliefert zu haben, aufgrund derer Du mir schreiben und mir helfen kannst, einen Faden zu finden. Wenn es Dir angebracht erscheint, kannst Du diesen Brief Giulia schicken. Vielleicht kann das in dieser indirekten Form eine erste Antwort sein. Ich habe vor kurzem Deinen Brief vom 12. erhalten und die Übersetzung von Delios Brief. Ich werde darauf am nächsten Montag antworten. Der Brief gefällt mir.
Ich umarme Dich.

Antonio

LETT 245
[1] Gramsci begab sich während seines Aufenthalts in der Sowjetuinon (1922/23) wegen eines Nervenleidens für einige Monate in das Sanatorium ›Serebrjanyj Bor‹ in der Nähe von Moskau, wo er Giulia Schucht, seine spätere Frau, und deren Schwester Jevgenija (›Genia‹) kennenlernte.

22. Februar 1932

Lieber Delio,
mir hat Deine ›lebende Ecke‹[1] mit den Finken und den Fischchen gefallen. Wenn die Finken manchmal aus dem Käfig entwischen, dann darf man sie nicht an den Flügeln oder den Füßen festhalten, wo sie sehr empfindlich sind und sich leicht etwas brechen oder ausrenken können.

Man muß sie mit der ganzen Hand um den Körper fassen, ohne zu drücken. Als Junge habe ich viele Vögel und auch andere Tiere aufgezogen: Falken, Schleiereulen, Kuckucke, Elstern, Krähen, Stieglitze, Kanarienvögel, Finken, Lerchen usw. Auch habe ich eine kleine Schlange aufgezogen, ein Wiesel, Igel, Schildkröten. Ich habe einmal die Igel bei der Apfelernte beobachtet, und das spielte sich folgendermaßen ab: eines Abends im Herbst, als es schon dunkel war und der Mond herrlich schien, ging ich mit einem anderen Jungen, meinem Freund, zu einem Feld voller Obstbäume, Apfelbäume vor allem. Wir versteckten uns in einem Strauch gegen den Wind. Auf einmal kriechen die Igel hervor: fünf Stück, zwei größere und drei kleinere. Im Gänsemarsch wanderten sie in Richtung der Apfelbäume, stöberten im Gras herum und machten sich dann an die Arbeit. Mit Hilfe der Schnauzen und der Füße ließen sie die Äpfel rollen, die der Wind von den Bäumen geschüttelt hatte, und trugen sie alle an einer bestimmten Stelle zusammen, schön säuberlich einen neben den anderen. Aber die Falläpfel genügten offensichtlich nicht; der größte Igel schaute sich mit erhobener Schnauze nach allen Seiten um, wählte einen ganz krummen Baum aus und kletterte ihn hinauf, gefolgt von seiner Frau. Dann ließen sie sich auf einen Ast nieder, der mit Äpfeln vollbehangen war, und fingen an, im Takt zu schaukeln. Ihre Bewegungen übertrugen sich auf den Ast, der immer rascher unter den heftigen Stößen hin und her schaukelte, und viele andere Äpfel fielen zu Boden. Nachdem auch diese zu den anderen gebracht worden waren, rollten sich alle Igel, die großen und die kleinen, zusammen und legten sich mit aufgerichteten Stacheln auf die Früchte, die auf diese Weise aufgespießt wurden. Manche hatten nur wenige Äpfel aufgespießt (die Kleinen), aber der Vater und die Mutter hatten es fertigbekommen, jeweils sieben bis acht Äpfel aufzuspießen. Während sie nun zu ihrer Höhle zurückkehrten, kamen wir aus unserem Versteck hervor, steckten die Igel in einen Sack und brachten sie nach Hause. Ich bekam den Vater und zwei von den kleinen Igeln und hielt sie viele Monate frei im Hof. Sie machten Jagd auf alle kleinen Tiere, Schaben, Maikäfer usw. und fraßen Obst und Salatblätter. Die frischen Blätter sagten ihnen sehr zu, und so konnte ich sie ein bißchen zähmen. Sie kugelten sich nicht mehr zusammen, wenn sie Leute sahen. Sie hatten große Angst vor Hunden. Es machte mir großen Spaß, lebendige Schlangen in den Hof zu bringen und zuzusehen, wie die Igel Jagd auf sie machten. Kaum hatte der Igel die Schlange entdeckt, sprang er ganz flink auf die vier Beine und griff sie mutig an. Die Schlange erhob den Kopf, streckte die Zunge heraus und zischte. Der Igel stieß einen leichten Schrei aus, hielt mit den Vorderbeinen die Schlange fest, biß sie in den Nacken und fraß sie dann Stück für Stück auf. Eines Tages waren die Igel verschwunden. Sicher hat sie irgend jemand mitgenommen und aufgegessen.

Tatjanischka hat eine schöne Teekanne aus weißem Porzellan gekauft und die Puppe dazugestellt. Sie trägt jetzt um den Hals den warmen Schal, denn es ist sehr kalt: auch in Italien schneit es stark. Du muß ihr wirklich schreiben, sie sollte mehr essen, denn sie will nicht auf mich hören. Ich glaube, Deine Finken essen mehr als Tatjanischka. Ich freue mich, daß Dir die Ansichtskarten gefallen haben. Ich werde Dir ein andermal über den Hasentanz und über andere Tiere schreiben. Ich will Dir auch andere Sachen erzählen, die ich als Junge gesehen und erlebt habe: die Geschichte vom Fohlen, vom Fuchs und vom Pferd, das nur an Festtagen einen Schwanz trug, die Geschichte von Kim. Kennst Du auch schon die Dschungelgeschichten und besonders die Geschichte vom weißen Seehund und von Rikki-Tikki-Tawi? Ist Giuliano auch ein ›udarnik‹[2]. Für welche Arbeit? Ich küsse Dich – Papa –. Gib Giuliano und Mama Giulia auch einen Kuß von mir.

LETT 247
[1] Wörtliche Übersetzung des russischen ›živoj ugolok‹, das ein Zimmer oder eine Zimmerecke bezeichnet, wo sich Haustiere befinden.
[2] ›Udarnik‹- Stoßarbeiter, ausgezeichneter Arbeiter.

7. März 1932

LiebsteTanja,
[...] ich will eine meiner Bemerkungen über die Psychoanalyse präzisieren, die von mir nicht klar genug vorgebracht worden war, denn sie führte zu Mißverständnissen, wie Deinem Brief vom 23. Februar zu entnehmen ist. Ich habe nicht gesagt, *es sei festgestellt,* daß sich die psychoanalytische Behandlung nur für die Fälle der sog. ›Erniedrigten und Beleidigten‹ eigne. Ich weiß darüber nichts,

und ich weiß nicht, ob bis heute jemand die Frage in dieser Form gestellt hat. Es handelt sich um persönliche und unkontrollierte Überlegungen von mir über die glaubwürdigste und wissenschaftlich verstandene Kritik der Psychoanalyse, die ich dargestellt habe, um Dir meine Haltung gegenüber Giulias Krankheit zu erklären. Diese Haltung ist überdies nicht so pessimistisch, wie es Dir schien und gründet sich insbesondere nicht auf derartig primitive und niedrige Gründe, wie Dich der Ausdruck ›Erniedrigte und Beleidigte‹ glauben machen konnte, den ich lediglich der Kürze wegen und als allgemeinen Bezugspunkt verwandt habe. Mein Standpunkt ist folgender: ich glaube, daß alles, was sich an Realem und Konkretem vom ›Gebäude‹ der Psychoanalyse retten läßt, sich auf Folgendes reduzieren läßt und reduziert werden muß: auf die Beobachtung der Verwüstung, die in vielen Gemütern der Widerspruch zwischen dem erzeugt, was notwendig im kategorischen Sinne erscheint, und den realen Tatsachen, die auf den Ablagerungen der alten Gewohnheiten und der alten Denkweisen aufruhen. Dieser Widerspruch zeigt sich in vielfältigen Formen, bis hin zur einzigartigen Charakterausprägung im einzelnen Individuum. In jedem Augenblick der Geschichte liegt nicht nur das moralische Ideal, sondern auch der ›Typ‹ des Bürgers, wie er vom öffentlichen Recht fixiert wurde, über dem Durchschnitt der in einem bestimmten Staat lebenden Menschen. Diese Kluft wird in Augenblicken der Krise, wie es diese Nachkriegszeit ist, viel deutlicher, sei es, weil das Niveau der Moral absinkt, sei es, weil man das zu erreichende Ziel höher hinaufsteckt, und dies in einem neuen Gesetz und in einer neuen Moralität ausgedrückt wird. Im einen wie im anderen Fall nimmt der staatliche Zwang auf das Individuum zu, es steigen Druck und Kontrolle eines Teils über das Ganze und des Ganzen über seine molekularen Komponenten. Viele lösen das Problem auf billige Weise: sie überwinden den Widerspruch dadurch, daß sie in den vulgären Skeptizismus verfallen. Andere klammern sich rein äußerlich an die Buchstaben des Gesetzes. Aber für viele kann das Problem sich nur katastrophal lösen, da es die krankhafte Entfesselung unterdrückter Leidenschaften hervorruft, welche die notwendige gesellschaftliche ›Heuchelei‹ (d. h. das Festhalten an den kalten Buchstaben des Gesetzes) nur weiter vertieft und betäubt. – Dies ist der Kern meiner Überlegungen, von dem ich genau weiß, wie abstrakt und ungenau er ist, wenn er so wörtlich genommen wird: es handelt sich aber nur um einen Entwurf, eine allgemeine Richtung, und wenn er in dieser Weise verstanden wird, erscheint er mir ziemlich klar und einleuchtend. Wie ich bereits sagte, muß man, was die einzelnen Individuen sowie die verschiedenen kulturellen Schichten betrifft, viele sehr komplexe und zahlreiche Abstufungen unterscheiden. Das, was in Dostojewskis Romanen unter dem Terminus ›Erniedrigte und Beleidigte‹ verstanden wird, ist die unterste Stufe, die Beziehung einer Gesellschaft, in der der staatliche und gesellschaftliche Druck äußerst mechanisch und äußerlich ist, in der der Widerspruch zwischen Staatsrecht und ›Naturrecht‹ (um diesen zweideutigen Ausdruck zu gebrauchen) äußerst tief ist aufgrund der Abwesenheit einer Vermittlung wie sie im Westen durch die im Dienste des Staats stehenden Intellektuellen ermöglicht wird. Dostojewski vermittelte sicher nicht das Staatsrecht, sondern er war selbst ein ›Erniedrigter und Beleidigter‹. – Von diesem Standpunkt aus mußt Du verstehen, was ich meinte, als ich auf ›falsche Probleme‹ anspielte. Ich denke, man kann, ohne in vulgären Skeptizismus zu verfallen oder sich in eine bequeme ›Heuchelei‹ zu retten im Sinne des Sprichworts, daß die Heuchelei eine Verbeugung vor der Tugend ist, seine Gelassenheit auch angesichts der Entfesselung der absurdesten Widersprüche finden und unter dem Druck der unversöhnlichsten Notwendigkeit, wenn man ›historisch‹, dialektisch zu denken lernt, wenn man lernt, die eigene Aufgabe oder eine genau umschriebene und umgrenzte Aufagbe mit geistiger Nüchternheit zu erkennen. In diesem Sinne kann und muß man also gegenüber dieser Art psychischer Krankheiten ›sich selbst Arzt‹ sein. – Ich weiß nicht, ob es mir gelungen ist, mich verständlich zu machen. Für mich liegt die Sache ganz klar. Es wäre eine genauere und analytische Darstellung nötig, das verstehe ich, um diese Klarheit auch mitzuteilen, aber das ist mir wieder von Mal zu Mal unmöglich, weil mir dazu beim Briefschreiben der nötige Raum und die nötige Zeit fehlen. In jedem Fall aber mußt Du darauf achten, daß Du mich nicht zu buchstäblich interpretierst. – Auf etwas anderes möchte ich Dich ebenfalls aufmerksam machen, und zwar was die Anwendung des Begriffs der Wissenschaft auf diese Art psychischer Fakten betrifft, denn es scheint mir diesbezüglich der zu strenge Begriff der Natur- und Ex-

perimentalwissenschaften nur sehr schwer zu übernehmen zu sein. Man müßte deshalb dem sog. ›Atavismus‹, der ›Mneme‹ als Gedächtnis der organischen Materie usw. große Bedeutung beimessen. Ich glaube aber, daß man dem Atavismus und der ›Mneme‹ sehr vieles zuschreibt, was rein historisch und im gesellschaftlichen Leben erworben ist, das – daran muß erinnert werden – sogleich beginnt, wenn man aus dem Mutterschoß ans Licht der Welt kommt, sobald die Augen sich öffnen und die Sinne zu funktionieren beginnen. Wer wird jemals bestimmen können, wo im Bewußtsein oder Unterbewußtsein die psychische Arbeit der ersten Wahrnehmung des Menschenkindes beginnt, das bereits in der Lage ist, sich an das Gesehene und Gehörte zu erinnern? Und wie kann man unterscheiden und präzisieren, was dem Atavismus und der ›Mneme‹ zuzuschreiben ist? [. . .]
Ich umarme Dich zärtlich.

Antonio

LETT 250

18. April 1932

Liebste Tanja,
ich danke Dir dafür, daß Du Giulias Brief abgeschrieben hast, in dem sie Dir genauere Angaben über Delios Gesundheitszustand gemacht hat. [. . .] Sobald ich Croces Buch gelesen habe[1], werde ich Dir natürlich gern einige kritische Anmerkungen darüber schreiben, jedoch keine vollständige Rezension, wie Du sie verlangtest, denn es wäre schwierig, sie so aus dem Ärmel zu schütteln. Übrigens habe ich bereits die einleitenden Kapitel des Buches gelesen, sie sind nämlich schon vor einigen Monaten in einem eigenen kleinen Werk erschienen, und ich kann schon jetzt damit beginnen, für Deine Untersuchungen einige nützliche Punkte aufzuschreiben und Dich besser zu informieren, falls Du Deiner Arbeit einen gewissen inneren Zusammenhang und Umfang geben willst. Die erste zu behandelnde Frage könnte meiner Meinung nach folgende sein: welche kulturellen Interessen beherrschen heute das literarische und philosophische Schaffen Croces? Sind sie unmittelbaren Charakters oder von allgemeiner Bedeutung und geben also Antwort auf tiefere Bedürfnisse als die aus der Leidenschaft des Augenblicks geborenen? Die Antwort ist zweifellos die: das Schaffen Croces

hat weit zurückliegende Ursprünge, besonders aus der Zeit des Weltkrieges. Um seine letzten Arbeiten zu verstehen, muß man seine Schriften über den Krieg berücksichtigen, die in zwei Bänden (*Pagine sulla guerra*, 2. erw. Ausg.) gesammelt sind. Ich habe diese beiden Bände nicht zur Hand, aber ich habe die Einzelschriften in der Reihenfolge, wie sie erschienen sind, gelesen. Ihr wesentlicher Inhalt kann etwa folgendermaßen zusammengefaßt werden: Kampf gegen die Bedeutung, die dem Krieg unter dem Einfluß der französischen und freimaurerischen Propaganda verliehen wurde, nämlich als ein Krieg für die Zivilisation, als eine Art ›Kreuzzug‹ mit all seiner Entfesselung der Volksleidenschaften nach Art des religiösen Fanatismus. Nach dem Krieg kommt der Frieden, d. h. auf den Konflikt darf nicht nur die erneute Zusammenarbeit der Völker folgen, sondern auf die Kriegsbündnisse folgen die Friedensbündnisse, und es ist nicht gesagt, daß sie gleich sein müssen. Aber wie könnte eine solche Wiederaufnahme einer allgemeinen und besonderen Zusammenarbeit zustandekommen, wenn ein unmittelbares Kriterium utilitaristischer Politik universelles und kategorisches Prinzip wird? Die Antwort ist also, daß die Intellektuellen diesen irrationalen Formen der Propaganda widerstehen und – ohne das eigene Volk im Krieg zu schwächen – die Demagogie bekämpfen und die Zukunft retten. Croce sieht stets im Moment des Friedens das des Kriegs und umgekehrt, und seine Tätigkeit zielt darauf, zu verhindern, daß jegliches Moment der Vermittlung und des Kompromisses zwischen beiden Momenten zerstört wird. Praktisch hat die Haltung Coces es den italienischen Intellektuellen erlaubt, die Beziehungen zu den deutschen Intellektuellen neu zu knüpfen, eine Sache, die zwischen den Franzosen und Deutschen nicht stattgefunden hat und auch nicht leicht zu machen ist. Die Tätigkeit Croces war also dem italienischen Staat der Nachkriegszeit nützlich, als tieferliegende Momente der nationalen Geschichte zur Auflösung der französisch-italienischen Allianz und einer Verlagerung der Politik zugunsten einer Annäherung an Deutschland gegen Frankreich führten. Auf diese Weise wurde Croce, der sich niemals mit militanter Politik im Sinne der Parteien beschäftigt hatte, in der Regierung Giolitti von 1920–21 Unterrichtsminister. – Aber ist der Krieg zuende? Und ist der Irrtum ausgemerzt, der darin besteht, daß besondere Kriterien unmittelbarer [Interessen-] Politik zu allgemeinen Prinzipien erhoben und Ideologien zu Philosophien und Religionen ausgeweitet werden? Sicherlich nicht. Der intellektuelle und moralische Kampf geht also weiter, die Interessen bleiben weiterhin vital, und das Kampffeld darf nicht geräumt werden. – Die zweite Frage ist die nach der Bedeutung Croces in der Weltkultur. Vor dem Krieg genoß Croce in hohem Maße die Achtung der Intellektuellen aller Länder. Das Interessante daran ist, daß entgegen der landläufigen Meinung sein Ruf in den angelsächsischen Ländern größer war als in den deutschsprachigen: die englischen Ausgaben seiner Bücher sind zahlreicher als die deutschen und die italienischen. Wie seinen Schriften zu entnehmen ist, hat Croce einen hohen Begriff dieser seiner Position als Führer der Weltkultur, der Verantwortung und der Pflichten, die er somit trägt. Es ist klar, daß seine Schriften ein internationales Elitepublikum voraussetzen. – Man darf auch nicht vergessen, daß gegen Ende des vorigen Jahrhunderts die Schriften Croces als geistige Waffe den beiden stärksten Strömungen des ›Revisionismus‹ der damaligen Zeit dienten: Eduard Bernstein in Deutschland und [Georges] Sorel in Frankreich. Bernstein selbst schrieb, daß die Lektüre der Aufsätze Croces ihn dazu gebracht habe, seine gesamten philosophischen und ökonomischen Vorstellungen neu zu überdenken[2]. Das enge Band zwischen Sorel und Croce ist eine bekannte Tatsache. Aber wie tief und fest es in Wirklichkeit war, wird insbesondere deutlich anhand der Veröffentlichung der Briefe Sorels [an Croce], der sich oft in überraschender Weise als der Croce intellektuell Unterlegene zeigt. – Aber Croce hat seine revisionistische Tätigkeit noch weiter geführt, und zwar besonders während des Krieges und besonders nach 1917. Die neue Serie von Aufsätzen über die Theorie der Geschichte beginnt nach 1910 mit der Denkschrift *Chroniken, Geschichten und falsche Geschichten*[3] und reicht bis zu den letzten Kapiteln der *Geschichte der italienischen Geschichtsschreibung im 19. Jahrhundert,*[4] zu den Aufsätzen über die Politikwissenschaft und die letzten literarischen Äußerungen, worunter auch die *Geschichte Europas* fällt, zumindest den Kapiteln nach zu urteilen, die ich gelesen habe. Mir scheint, daß Croce vor allem auf seine Position als Führer des Revisionismus Wert legt und sie für den wertvollsten Teil seiner gegenwärtigen Tätigkeit hält. In einem kurzen Brief von Prof. Corrado Barbagallo, der in der ›*Nuova*

Rivista storica‹ von 1928 oder 1929 (ich weiß das Jahr nicht genau) abgedruckt ist, sagt er ausdrücklich, daß die Ausgestaltung seiner Theorie der Geschichte als ethisch-politische Geschichte (und damit also seine gesamte oder beinahe gesamte denkerische Tätigkeit seit etwa zwanzig Jahren) darauf ausgerichtet ist, seinen Revisionismus von vor vierzig Jahren zu vertiefen. – Liebste Tanja, falls Du der Meinung bist, solche oder ähnliche Äußerungen könnten Dir für Deine Arbeit nützlich sein, so schreib mir dies und ich werde Dir weitere davon liefern.

Ich umarme Dich zärtlich.

Antonio

LETT 260

[1] *Storia d'Europa nel secolo decimonono* (Die Geschichte Europas im neunzehnten Jahrhundert), Bari 1932.

[2] Gramsci bezieht sich auf einen Brief Sorels an Croce vom 9. 9. 1899, in dem es heißt: »Bernstein vient de m'écrire, qu'il a indiqué dans la ›*Neue Zeit*‹, n. 46, qu'il avait été inspiré, en une certaine misure, par vos travaux«.

[3] Das Werk Croces heißt richtig: *Storia, cronaca e false storie* (Geschichte, Chronik und falsche Geschichten), Neapel 1912.

[4] *Storia della storiografia italiana nel secolo decimonono,* Bari 1921.

2. Mai 1932

Liebste Tanja,

[. . .] ich weiß nicht, ob ich Dir jemals das versprochene Schema über die ›italienischen Intellektuellen‹ schicken werde. Der Standpunkt, von dem aus ich das Problem betrachte, verändert sich zuweilen: vielleicht ist es für die Zusammenfassung des Materials noch zu früh. Es handelt sich um eine noch im Fluß befindliche Materie, die noch einer weitergehenden Bearbeitung bedarf. Setz Dir nicht in den Kopf, das ›Programm‹ für die Veröffentlichung über die Italiener im Ausland abzuschreiben: ich glaube nicht, daß sich die Mühe lohnt, besonders weil der ›*Marzocco*‹ eine ziemlich zutreffende Zusammenfassung davon geliefert hat. Wenn Du davon ein Exemplar bekommen kannst, gut. Wenn nicht, dann mußt Du Dich eben gedulden. Ich brauche die Werke William Pettys[1] sicher nicht für die Frage nach den ökonomischen Vorstellungen Machiavellis. Der Hinweis ist interessant, aber er genügt. Ich werde wohl eher in absehbarer Zeit die sämtlichen Werke Machiavellis anfordern, die ich, wie Du Dich vielleicht erinnern wirst, schon angefordert hatte, als ich noch in Mailand war, aber damals waren sie noch nicht erschienen. – Ich kann Dir auch weiterhin einige Orientierungshilfen für eine Arbeit über das Buch von Croce (das ich noch nicht ganz gelesen habe) liefern. Auch wenn diese Anmerkungen ein bißchen unzusammenhängend sind, so glaube ich doch, sie könnten Dir nützlich sein. Du mußt selbst zusehen, wie Du sie Dir für Deine Arbeit zurechtlegst.

Ich habe bereits davon gesprochen, welch große Bedeutung Croce seiner theoretischen Tätigkeit als Revisionist beimißt, und wie seinem eigenen Eingeständnis nach seine gesamte denkerische Tätigkeit der letzten 20 Jahre den Zweck verfolgte, die Revision [des Marxismus] soweit zu treiben, daß sie zur Vernichtung wird. Als Revisionist hat er zum Entstehen der Richtung der ökonomisch-juridischen Geschichte beigetragen (die in gemäßigter Form noch heute besonders durch den Akademiker Gioacchino Volpe vertreten wird). Jetzt hat er einer Geschichte literarische Gestalt verliehen, die er ethisch-politisch nennt und wofür die *Storia d'Europa* das Paradigma sein bzw. werden müßte. Worin besteht die von Croce geschaffene Neuerung? Hat sie die Bedeutung, die er ihr selbst zuschreibt, und zwar besonders jenen ›vernichtenden‹ Charakter, wie er ihn in Anspruch nimmt? Man könnte konkret sagen, daß Croce im Zusammenhang mit der historisch-politischen Tätigkeit den Akzent allein auf das in der Politik sog. Moment der ›Hegemonie‹ setzt, den Konsensus, die kulturelle Herrschaft, um es vom Moment der Gewalt, des Zwangs, des staatlich-legislativen oder polizeilichen Eingriffs zu unterscheiden. In Wirklichkeit ist es aber unverständlich, warum Croce von der Fähigkeit seines Ansatzes der Geschichtstheorie, jede Philosophie der Praxis völlig zu zerstören, so überzeugt ist. – Gerade zu der Zeit, in der Croce seine sog. ›Keule‹ [des Herkules] fabrizierte, wurde die Philosophie der Praxis [der Marxismus] durch ihre größten modernen Theoretiker in dieser Hinsicht weiterentwickelt, und es wurde gerade das Moment der ›Hegemonie‹ bzw. der kulturellen Herrschaft im Gegensatz zu den mechanistischen und fatalistischen Vorstellungen des Ökonomismus aufgewertet. Man könnte sogar feststellen, daß der wesentlichste Charakterzug der modernen Philosophie der Praxis gerade der historisch-politische Begriff der ›Hegemonie‹ ist. Mir scheint deshalb Croce mit seinen Untersuchungen und der Bibliographie seiner bevorzugten Studien nicht ganz ›up to date‹ zu sein, oder er hat seine Fähigkeit zu kritischer Orientierung verloren. Auch sieht es so aus, als entstammten seine Kenntnisse dem berüchtigten Buch eines Wiener Journalisten, Fülop-Miller[2]. Dieser Punkt müßte in analytischer Weise weiter entwickelt werden, aber dazu wäre ein sehr langer Aufsatz nötig. Für Deine Bedürfnisse langen, glaube ich, diese Bemerkungen, die ich nicht gern noch länger behandeln möchte.

Liebe, ich umarme Dich zärtlich.

Antonio

LETT 263
[1] William Petty (1623–1678), englischer Volkswirtschaftler, Begründer der Sozialstatistik.
[2] R. Fülop-Miller: *Geist und Gesicht des Bolschewismus. Darstellung und Kritik des kulturellen Lebens in Sowjet-Rußland*, Wien 1923.

9. Mai 1932

Liebste Tanja,

[. . .] Weil ich die *Storia d'Europa* noch nicht gelesen habe, kann ich Dir noch keinerlei Bemerkungen über ihren tatsächlichen Inhalt liefern. Ich kann Dir aber noch ein paar Beobachtungen aufschreiben, die nicht an der Sache vorbeigehen, wie es auf den ersten Blick hin scheinen könnte. Ich habe Dir schon geschrieben, daß die gesamte historiographische Arbeit Croces in den letzten Jahren auf die Ausarbeitung einer Theorie der Geschichte als ethisch-politische Geschichte im Gegensatz zur ökonomisch-juridischen Geschichte ausgerichtet ist. Diese letztere entstammt dem Historischen Materialismus, und zwar nach dem Prozeß des Revisionismus, den dieser aufgrund der Arbeit von Croce selbst durchgemacht hatte. Aber handelt es sich bei Croce wirklich um ethisch-politische Geschichte? Mir scheint, daß die Geschichte Croces nicht anders als ›spekulativ‹ oder ›philosophisch‹ genannt werden kann und nicht ›ethisch-politisch‹, und daß in diesem ihrem [spekulativen] Charakter und nicht im Umstand, daß sie ›ethisch-politisch‹ ist, ihr Gegensatz zum Historischen Materialismus besteht. Der Historische Materialismus schließt eine ethisch-politische Geschichte nicht aus, insofern sie Geschichte des Moments der ›Hegemonie‹ ist, sondern die ›spekulative‹ Geschichte wie jede ›spekulative‹ Philosophie. Croce sagt, er habe innerhalb seiner philosophischen

Arbeit das moderne Denken von jeder Spur von Transzendenz, Theologie und also Metaphysik im traditionellen Sinne befreien wollen, und im Verfolgen dieser Absicht gelangte er zur Negation der Philosophie als System, und zwar mit der Begründung, in der Idee des Systems verberge sich ein theologisches Residuum. Aber seine eigene Philosophie ist eine ›spekulative‹ Philosophie, und insofern dauert auch bei ihm in vollem Umfang die Transzendenz und die Theologie in historistischem Vokabular an. Croce steckt so tief in seiner spekulativen Methode und Sprache, daß er ohne sie kein Urteil fällen kann. Wenn er schreibt, in der Philosophie der Praxis sei die Basis als ein ›deus absconditus‹ konzipiert, so stimmte das nur, wenn die Philosophie der Praxis eine spekulative Philosophie wäre und nicht ein absoluter Historismus, der wirklich und nicht bloß verbal von jeglichen transzendenten und theologischen Residuen befreit ist.

Hiermit hängt auch eine andere Beobachtung zusammen, die näher die Konzeption und Komposition der *Storia d'Europa* betrifft. Läßt sich eine einheitliche europäische Geschichte denken, die 1815 beginnt, also mit der Restauration? Wenn es möglich ist, eine Geschichte Europas als Herausbildung eines geschichtlichen Blocks zu schreiben, so darf man dabei nicht die französische Revolution und die Napoleonischen Kriege ausschließen, die für den europäischen geschichtlichen Block die ökonomisch-juridische Prämisse, das Moment der Gewalt und des Kampfes bilden. Croce nimmt das nachfolgende Moment auf, in dem die zuvor entfesselten Kräfte wieder ins Gleichgewicht zurückfanden, sozusagen eine ›Katharsis‹ durchmachten, und er isoliert dieses Moment und konstruiert daraus sein historisches Paradigma [der ethisch-politischen Geschichte]. Ebenso verfuhr er in der *Storia d'Italia:* indem er erst 1870 begann[1], verschleierte er das Moment des Kampfes, das ökonomische Moment, um das rein ethisch-politische Moment zu verteidigen, so als sei dies vom Himmel gefallen. Croce hat, natürlich unter Ausnutzung aller Kunstgriffe und Gewitztheit der modernen kritischen Sprache, eine neue Form rhetorischer Geschichte entstehen lassen, und ihre aktuelle Form ist eben die spekulative Geschichte. – Man sieht das noch deutlicher, wenn man den ›historischen‹ Begriff genauer betrachtet, der von zentraler Bedeutung für Croces Werk ist, nämlich den Begriff der ›Freiheit‹. Croce verwechselt, und zwar im Widerspruch zu sich selbst, ›Freiheit‹ als philosophisches Prinzip bzw. als spekulativen Begriff mit ›Freiheit‹ als Ideologie bzw. als praktisches Herrschaftsinstrument, als Element einer hegemonialen moralischen Einheit. Wenn die gesamte Geschichte eine Geschichte der Freiheit ist bzw. des Geistes, der sich selber schafft, (und in dieser Terminologie ist Freiheit gleich Geist, Geist gleich Geschichte und Geschichte gleich Freiheit), warum sollte dann nur die europäische Geschichte des 19. Jahrhunderts Geschichte der Freiheit sein? Sie wäre dann nicht Geschichte der Freiheit im philosophischen Sinne, sondern Geschichte des Selbstbewußtseins dieser Freiheit und ihrer Verbreitung in Form einer Religion innerhalb der Intellektuellenschicht und eines Aberglaubens im einfachen Volk, das sich mit den Intellektuellen verbunden fühlt, dessen Bannerträger und Priester die Intellektuellen sind. Es handelt sich hier also um eine Ideologie, ein praktisches Herrschaftsinstrument, und man muß das praktische Beziehungsgeflecht untersuchen, auf dem es aufruht. Die ›Freiheit‹ als historischer Begriff ist die Dialektik der Geschichte selbst und besitzt keine praktisch-distinkten und individuellen Vertreter. Die Geschichte war Freiheit auch in den orientalischen Satrapien, was um so wahrer ist, als es auch damals historische ›Bewegungen‹ gab und die Satrapien zusammenstürzten. Kurz: es scheint mir, daß die Worte sich verändern, daß sie sogar gut gesagt sind, daß aber die eigentliche Sache nicht einmal an der Oberfläche berührt wird. – Ich glaube, die *Critica fascista* hat in einem Artikel, wenn auch nicht ausdrücklich, die treffende Kritik geliefert, als sie ausführte, daß Croce in zwanzig Jahren, wenn er rückschauend die [faschistische] Gegenwart betrachte, ihre historische Rechtfertigung als Prozeß der Freiheit finden könne. Wenn Du Dich übrigens an die erste Bemerkung erinnerst, die ich Dir geschrieben habe, nämlich die über die Haltung Croces während des Krieges, so wirst Du nun seinen Standpunkt besser verstehen: als ›Priester‹ der modernen historistischen Religion durchlebt Croce die These und Antithese des historischen Prozesses und insistiert auf dem einen wie dem anderen Moment aus ›praktischen‹ Gründen, denn in der Gegenwart sieht er die Zukunft und sorgt sich um diese, als sei sie die Gegenwart. Jedem das seine: den ›Priestern‹, die Zukunft zu retten. Im Grunde steckt eine schöne Portion moralischer Zynismus in dieser ›ethisch-politischen‹ Konzeption: sie ist die aktuelle Form des Machiavellismus. – Ich umarme Dich zärtlich.

Antonio

LETT 264
1 D. h. nach dem ›Risorgimento‹, der Einigungsbewegung Italiens.

30. Mai 1932

Liebste Tanja,

[. . .] Ich möchte Dir eine Reihe von Beobachtungen mitteilen, die Du gegebenenfalls für Piero [Sraffa] abschreibst und bei denen Du ihn um ein paar bibliographische Angaben bittest, die es mir erlauben würden, das Feld meiner Überlegungen zu erweitern und mich besser zurechtzufinden. Ich möchte gern wissen, ob es Spezialliteratur, auch auf Englisch, über die Untersuchungsmethoden der Ökonomie bei Ricardo gibt und besonders über die Neuerungen, die Ricardo in die methodologische Kritik eingeführt hat. Ich nehme an, daß es anläßlich der Jahrhundertfeier seines Todes vor zehn Jahren eine reiche diesbezügliche Literatur gibt und daß einige Wahrscheinlichkeit besteht, darunter genau das zu finden, was ich brauche. Der Gang meiner Überlegungen ist dabei folgender: Kann man sagen, daß Ricardo außer in der Geschichte der Ökonomie, wo er sicher einen hervorragenden Platz einnimmt, auch in der Geschichte der Philosophie eine große Bedeutung gehabt hat? Und kann man sagen, daß Ricardo dazu beigetragen hat, den ersten Theoretikern der Philosophie der Praxis[1] den Weg zur Überwindung der Hegelschen Philosophie und zur Ausarbeitung ihres neuen, von jeder Spur spekulativer Logik gereinigten Historismus zu weisen? Mir scheint, als könne man versuchen, diese Annahme zu beweisen und als lohne sich die Mühe. Ich gehe dabei von zwei für die Ökonomie grundlegenden Begriffen aus: dem des ›begrenzten Marktes‹ und dem des ›Gesetzes der Tendenz‹, die mir auf Ricardo zurückzugehen scheinen, und ich stelle nun folgende Frage: Waren es nicht vielleicht diese beiden Begriffe, die man zum Anlaß nahm, um die ›immanentistische‹ Theorie der Geschichte – von der klassischen deutschen Philosophie in idealistischer und spekulativer Sprache dargelegt, – auf eine faktische und unmittelbar historische ›Immanenz‹ zurückzuführen, in der das Kausalitätsgesetz der Naturwissenschaften von seinem Mechanizismus gereinigt und auf synthetische Weise mit der dialektischen Methode des Hegelianismus identifiziert wurde? – Vielleicht sieht dies Gedankengeflecht noch ein wenig wirr aus, aber mir kommt es gerade auf das Verständnis des Ganzen an, sei es auch nur annäherungsweise, damit man beurteilen kann, ob das Problem schon von irgendeinem Ricardo-Spezialisten als solches erkannt und untersucht worden ist. Man muß dabei auch bedenken, daß Hegel selbst in einem anderen Zusammenhang diese notwendige Beziehung zwischen verschiedenen wissenschaftlichen Aktivitäten und zwischen wissenschaftlicher Theorie und Praxis gesehen hat. So fand er in den *Vorlesungen über die Geschichte der Philosophie* eine Verbindung zwischen der französischen Revolution und der Philosophie Kants, Fichtes und Schellings und sagte: »An dieser großen Epoche in der Weltgeschichte [. . .] haben nur diese zwei Völker teilgenommen, das deutsche und das französische Volk, so sehr sie entgegengesetzt sind, oder gerade, weil sie entgegengesetzt sind [. . .] In Deutschland ist dies Prinzip als Gedanke, Geist, Begriff, in Frankreich in die Wirklichkeit hinausgestürmt«[2]. In der *Heiligen Familie* sieht man, wie diese von Hegel zwischen französischer Politik und deutscher Philosophie geknüpfte Beziehung von den Theoretikern der Philosophie der Praxis realisiert worden ist[3]. Es geht darum zu sehen, wie und in welchem Maße die klassische englische Ökonomie in der von Ricardo entwickelten methodologischen Form zur weiteren Entwicklung der neuen Theorie [des Marxismus] beigetragen hat. Daß die klassische englische Ökonomie zur Entwicklung der neuen Philosophie [= Marxismus] beigetragen hat, dies wird allgemein zugegeben, aber man denkt dabei gewöhnlich an Ricardos Mehrwert-Theorie. Mir scheint, man muß weitergehen und einen Beitrag [Ricardos zur Entwicklung des Marxismus] herausarbeiten, den ich synthetisch nennen möchte, der nämlich die Weltauffassung und die Denkweise insgesamt betrifft und nicht bloß analytisch ist und eine spezielle Theorie betrifft, sei sie auch noch so elementar. Piero könnte bei seiner Arbeit für die kritische Ausgabe der Werke Ricardos ein wertvolles Material für diesen Zweck sammeln. Schau bitte auf jeden Fall nach, ob es irgendwelche Literatur über dies Thema gibt, die mir in meinem Kerkerdasein hilfreich sein könnte, da ich ja selbst nicht systematisch bibliographieren kann. Liebste Tanja, ich umarme Dich zärtlich.

Antonio

LETT 268
1 ›Philosophie der Praxis‹ ist in den ›Gefängnisheften‹ Gramscis der Tarnname für ›Marxismus‹ bzw. ›Historischer Materialismus‹. Die ersten Theoretiker der ›Philosophie der Praxis‹ sind also Marx und Engels.
2 Vgl. G. W. F. Hegel, *Vorlesungen über die Geschichte der Philosophie* Bd. III, Berlin 1844, S. 485.
3 K. Marx, Fr. Engels, *Die heilige Familie oder Kritik der kritischen Kritik,* Frankfurt a. M. 1845.

6. Juni 1932

Liebste Tanja,

[. . .] ich will versuchen, auf die anderen Fragen zu antworten, die Du mir über Croce stellst, obwohl ich nicht recht ihre Bedeutung einsehe und glaube, schon in den früheren Bemerkungen darauf geantwortet zu haben. Lies noch einmal den Punkt durch, in dem ich auf die Haltung Croces während des Kriegs eingegangen bin, und sieh nach, ob er nicht implizit die Antwort auf einen Teil Deiner jetzigen Fragen enthält. Der Bruch mit Gentile[1] fand 1912 statt, und es war Gentile, der sich von Croce lossagte und eine philosophische Unabhängigkeit zu erlangen suchte. Ich glaube nicht, daß Croce seitdem seine Haltung geändert hat, auch wenn er seine Lehre besser definierte. Eine bemerkenswerte Veränderung fand hingegen in den Jahren von 1900 bis 1910 statt. Die sog. ›Religion der Freiheit‹ ist keine Erfindung unserer Jahre, sondern die Zusammenfassung der gesamten Zeit seines Denkens nach dem Bruch mit dem Katholizismus in eine drastische Formel, wie er selbst in der Autobiographie seines geistigen Werdegangs *(Contributo alla critica di me stesso[2])* geschrieben hat. Aber nicht in diesem Punkt scheint sich Gentile im Gegensatz zu Croce zu befinden. Ich glaube, Du gibst der Formel ›Religion der Freiheit‹ eine unzutreffende Interpretation, indem Du ihr einen mystischen Inhalt unterschiebst (das könnte man annehmen angesichts der Tatsache, daß Du auf ein ›sich Zurückziehen‹ in diese Religion und also auf eine Art ›Weltflucht‹ anspielst). Ganz im Gegenteil. ›Religion der Freiheit‹ bedeutet ganz einfach Glauben an die moderne Kultur, die keine Transzendenzen und Offenbarungen nötig hat, sondern in sich selbst die eigene Rationalität und den eigenen Ur-

sprung trägt. Es handelt sich hierbei also um eine anti-
mystische und, wenn Du willst, antireligiöse Formel. Für
Croce ist jede Weltanschauung, jede Philosophie ›Religion‹, insofern sie zur Lebensnorm, zu einer Moral wird.
Die Religionen im konfessionellen Sinne sind auch ›Religionen, aber ›mythologische‹ und also in einem bestimmten Sinne ›untergeordnete‹, primitive Religionen,
die fast mit einer historischen Kindheit des Menschengeschlechts korrespondieren. Die Wurzeln dieser Theorie
finden sich bereits bei Hegel und Vico und sind gemein-
sames Erbgut der ganzen idealistischen Philosophie, sei
es der Croces oder der Gentiles. Diese Theorie liegt auch
der Gentileschen Schulreform zugrunde, insofern sie den
Religionsunterricht in den Schulen angeht, den Gentile
auf die Volksschulen (wirkliche Kindheit) beschränkt wissen wollte und den auch die Regierung nicht in die höheren Schulen eingeführt haben wollte[3].
Daher glaube ich, daß Du vielleicht Croces gegenwärtige
Position überschätzt, indem Du ihn für isolierter hältst, als
er in Wirklichkeit ist. Man darf sich nicht von der polemischen Empörung mehr oder weniger dilettantischer und
unverantwortlicher Schriftsteller täuschen lassen. Einen
beträchtlichen Teil seiner gegenwärtigen Ausfassungen hat
Croce in der Zeitschrift ›Politica‹ dargestellt, die von Coppola und dem Minister Rocco herausgegeben wird, und
nicht nur Coppola, glaube ich, sondern viele andere sind
von der Nützlichkeit der Croceschen Haltung überzeugt,
die die Situation dafür schafft, daß die nach dem Krieg
aufgekommenen neuen herrschenden Gruppen in realer
Weise zum Staatsleben erzogen werden. Wenn Du die gesamte italienische Geschichte seit 1815 durchgehst, so
wirst Du sehen, daß es einer kleinen herrschenden Gruppe
gelang, systematisch das gesamte politische Personal in
sich aufzunehmen, das die Massenbewegungen subversi-
ven Ursprungs hervorgebracht hatten. Von 1860 bis 1876
wurde der ›Partito d'Azione‹ Mazzinis und Garibaldis[4]
von der Monarchie aufgesogen und ließ nur einen unbe-
deutenden Rest übrig, der dann als Republikanische Partei
weiterlebte, aber eher eine folkloristische denn eine historisch-politische Bedeutung hatte. Dies Phänomen wurde
›Transformismus‹ genannt, aber es handelte sich hierbei
nicht um ein einzeln dastehendes Phänomen; es war ein
organischer Prozeß, der innerhalb der Ausbildung der
herrschenden Klasse das darstellte, was in Frankreich mit

der Revolution und Napoleon, in England mit Cromwell geschehen war. In der Tat dauert dieser Prozeß auch nach 1876[5] auf molekularer Ebene an. Er erlangt eine imponierende Bedeutung in der Nachkriegszeit, als es so aussieht, als sei die traditionelle herrschende Gruppe nicht imstande, die neuen von den Ereignissen hervorgebrachten Kräfte [den Faschismus] zu assimilieren und zu steuern. Aber diese herrschende Gruppe ist ›schlauer‹ und fähiger, als man sich denken konnte: die Absorption ist schwierig und mühsam, aber sie findet dennoch statt, auf vielen Wegen und mit verschiedenen Methoden. Die Tätigkeit Croces ist einer dieser Wege und Methoden: seine Unterweisung produziert vielleicht die größte Quantität an ›Magensäften‹ zur Verdauung. Unter dem historischen Blickwinkel, dem der italienischen Geschichte natürlich, erscheint die Tätigkeit Croces als die mächtigste Maschine, die die herrschende Gruppe heute besitzt, um die neuen Kräfte ihren vitalen Interessen (nicht nur den unmittelbaren, sondern auch den künftigen) anzugleichen, und die sie auch, glaube ich, richtig einschätzt, trotz oberflächlicher Gegenbeweise. Wenn man zwei verschiedene Stoffe zusammenfügt, um eine Verbindung herzustellen, dann zeigt das Aufschäumen an der Oberfläche an, daß die Verbindung zustandekommt, und nicht das Gegenteil. Im übrigen präsentiert sich in diesen menschlichen Angelegenheiten die Eintracht immer als Zwietracht, als Kampf und Rauferei, und nicht als theatralische Umarmung. Aber sie bleibt trotzdem Eintracht, und zwar von der intimsten und wirksamsten Sorte. – Liebste, ich umarme Dich zärtlich.

Antonio

LETT 269

[1] Giovanni Gentile (1875–1944), italienischer neoidealistischer Philosoph, Begründer des sog. ›Aktualismus‹. War unter Mussolini 1922–24 Unterrichtsminister und schuf 1923 die nach ihm benannte Schulreform.

[2] *Contributo alla critica die me stesso* (Beiträge zur Kritik meiner selbst), Bari 1926.

[3] Vgl. Anm. 1.

[4] Giuseppe Mazzini (1805–1872), Giuseppe Garibaldi (1807–1882), italienische Freiheitskämpfer, leiteten während der Revolution von 1848/49 die Verteidigung Roms gegen die Franzosen. Mazzini floh nach dem Ende der Revolution nach London. Garibaldi war später wesentlich am Krieg gegen die Österreicher und den Kirchenstaat und am Erfolg der italienischen Einigungsbewegung (Risorgimento) beteiligt.

[5] 1876 wurde die rechte Regierung Camillo Cavours durch eine linksliberale Regierung abgelöst.

Liebste Giulia,

ich habe Deine Blätter, die von verschiedenen Monaten und Tagen datiert waren, erhalten. Deine Briefe erinnerten mich an eine kleine Erzählung eines wenig bekannten französischen Schriftstellers mit Namen Lucien Jean, glaube ich, der ein kleiner Angestellter bei einer städtischen Behörde in Paris war.[1] Die Erzählung trug den Titel *Der Mann im Graben*. Ich will sehen, ob ich mich noch daran erinnern kann. – Ein Mann hatte eines Abends kräftig drauflosgelebt. Vielleicht hatte er zuviel getrunken, vielleicht hatte ihn der ständige Anblick schöner Frauen ein bißchen verwirrt. Als er das Vergnügungslokal verließ und ein wenig im Zickzack über die Straße gelaufen war, fiel er in den Graben. Es war sehr dunkel, sein Körper klemmte sich zwischen Felsen und Sträuchern ein. Er war ein wenig erschrocken und bewegte sich nicht, aus Angst, er könnte noch tiefer fallen. Die Sträucher schlossen sich wieder über ihm, die Schnecken krochen über ihn hinweg und hinterließen silbrige Spuren (vielleicht setzte sich eine Kröte aufs Herz, um sein Schlagen zu hören, und zwar deshalb, weil sie es noch für lebendig hielt.) Die Stunden vergingen. Der Morgen und die ersten Schimmer der Dämmerung nahten, und Leute begannen vorbeizugehen. Da kam ein bebrillter Herr, es war ein Wissenschaftler, der nach der Arbeit in seinem Laboratorium heimkehrte. »Was ist denn los«, fragte er. »Ich möchte aus dem Graben heraus«, antwortete der Mann. »Aha, du möchtest also aus dem Graben heraus! Und was verstehst du denn vom Willen, vom freien, vom unfreien Willen! Du möchtest, du möchtest! Immer die gleiche Ignoranz. Du weißt nur eine Sache: du standest auf den Beinen aufgrund der Gesetze der Statik und bist hereingefallen aufgrund der Bewegungsgesetze. Welche Ignoranz, welche Ignoranz!« – Und er entfernte sich, indem er entrüstet den Kopf schüttelte. Da hörte man neue Schritte. Der Mann schrie wieder. Es kam ein Bauer heran, der an einem Strick ein Schwein mitführte, das er verkaufen wollte, und Pfeife rauchte. »Oh, oh, du bist in den Graben gefallen, nicht wahr? Du hast dich betrunken, dich vergnügt und bist in den Graben gefallen. Und warum bist du nicht schlafengegangen wie ich?« – Und er entfernte sich, und das Schwein grunzte im Takt mit seinen Schritten. – Und es kam ein Künstler vorbei, der beklagte es, daß der Mann aus dem Graben wollte; er sah so schön aus: von den Schnecken ganz versilbert, mit einem Heiligenschein von Kräutern und Blumen um den Kopf, er war so eindrucksvoll! – Und es kam ein Gottesdiener vorbei, der anfing, die Verderbnis der Stadt zu verdammen, die sich vergnügte oder schlief, während ein Bruder in den Graben gefallen war. Er regte sich sehr auf und eilte davon, um eine furchtbare Predigt für die nächste Messe vorzubereiten. – Auf diese Weise blieb der Mann im Graben, bis er sich schließlich umsah, genau feststellte, wohin er gefallen war, sich befreite, sich aufbäumte, sich mit den Armen und Beinen hochstemmte, sich auf die Beine stellte und mit eigener Kraft aus dem Graben stieg. – Ich weiß nicht, ob ich Dir die Eigenart dieser Erzählung vermitteln konnte und ob sie sehr paßt. Ich glaube aber doch teilweise: Du selbst schreibst mir, daß Du keinem der beiden Ärzte, die Du kürzlich konsultiertest, recht gibst und die Entscheidung bisher anderen überließest und nun stärker sein willst. Ich glaube nicht, daß in diesen Gefühlen irgendeine Spur Verzweiflung ist, ich halte sie vielmehr für sehr vernünftig. Man muß die ganze Vergangenheit verbrennen und sich ein neues Leben aufbauen. Man darf sich nicht vom bisherigen Leben erdrücken lassen, oder man darf nur das bewahren, was aufbauend und schön war. Man muß aus dem Graben herauskommen und die Kröte vom Herzen wegwerfen.

Liebe Julka, ich umarme Dich zärtlich.

Antonio

LETT 275
[1] Lucien Jean (Pseudonym für Lucien Dieudonné, 1870–1908) gehörte der sog. ›proletarischen Schule‹ innerhalb der französischen Literatur an. Die genannte Erzählung wurde von Gramsci im ›Ordine Nuovo‹ im Dezember 1919 publiziert.

1. August 1932

Liebste Julca,
ich habe Deinen Brief vom 15. Juli erhalten. Ich danke Dir dafür, daß Du so häufig schreibst. Ich habe die Fotos von den Kindern und von Dir bekommen, und sie helfen mir dabei, etwas konkreter Euer Leben zu vergegenwärtigen und weniger zu phantasieren. Dein letzter Brief gab mir einen Beweis dafür, daß Dein Gesundheitszustand besser geworden ist; ich wollte ihn geradezu als ein medizinisches ›Gutachten‹ lesen und habe festgestellt, daß kein

einziger orthographischer oder allgemein sprachlicher
Fehler darin zu entdecken war, was beweist, daß Dein
Italienisch noch in Ordnung ist und Deine Vorstellungs-
welt wieder klar und durchsichtig geworden ist, ohne
Zweifel, Schuldgefühle und Unentschlossenheit, wie es,
zuweilen jedenfalls, früher war.

Erinnerst Du Dich daran, als ich Dir die kleine Geschichte
von den Kröten erzählt habe, die sich auf das Herz der
auf den Feldern Eingeschlafenen setzen? Es ist nun fast
10 Jahre her. Was für komische Sachen habe ich Dir in
dem einen Monat im Sanatorium erzählt. Als ich die kleine Geschichte des Mannes im Graben schrieb,[1] fiel mir
das plötzlich wieder ein, und ich erinnerte mich daran, daß
es Dich damals auf irgendeine seltsame Weise beein-
druckt hatte. – Auch was Du mir von Delio und Giuliano
und über ihre Neigungen schreibst, ließ mich daran
denken, daß Du vor einigen Jahren glaubtest, Delio habe
eine große Neigung zur konstruktiven Ingenieurskunst,
während es nun so aussieht, als sei das die Neigung Giulianos, und Delio sei eher zur Literatur und zur ... poeti-
schen Konstruktion veranlagt. Ich muß Dir jedoch ganz
ehrlich sagen, daß ich an solche derart früh festgestellten
allgemeinen Begabungen nicht glaube und wenig Vertrauen in Deine Fähigkeit setze, ihre Veranlagung zu
einer bestimmten Berufsrichtung zu beobachten. Ich glaube, daß beiden Kindern, wie allen, sämtliche Tendenzen
innewohnen, sei es in Richtung auf das Praktische oder
auf die Theorie und Phantasie, und daß es daher richtig
ist, sie in diesem Sinne zu einem harmonischen Beieinan-
der aller intellektuellen und praktischen Fähigkeiten an-
zuleiten, die sich später zu ihrer Zeit noch genug speziali-
sieren können, und zwar auf der Grundlage einer stark
geformten Persönlichkeit im umfassenden und integralen
Sinne. Der moderne Mensch müßte eine Synthese all dessen sein, was ... als Nationalcharakter hypostasiert
wird: des amerikanischen Ingenieurs, des deutschen Philo-
sophen, des französischen Politikers, so daß in ihm sozusagen der italienische Renaissancemensch neu entsteht, der
moderne Typ eines Leonardo da Vinci, der Massen-
Mensch oder Kollektivmensch geworden ist, und trotzdem
seine starke Persönlichkeit und individuelle Einzigartig-
keit beibehalten hat. Eine ganz einfache Sache, wie Du
siehst. Du wolltest Delio Leo nennen. Warum haben wir
nicht daran gedacht, ihn Leonardo zu nennen? Glaubst

Du, daß die Dalton-Erziehung[2] Leonardos hervorbringen könnte, auch als kollektive Synthese? Ich umarme Dich.

Antonio

LETT 283

[1] Vgl. Brief vom 27. Juni 1932.
[2] Eine von der Amerikanerin Helen Parkhurst entwickelte Erziehungsmethode, die 1920 in Dalton (Mass.) eingeführt wurde und seither besonders in den USA große Verbreitung fand. Die Schüler erledigen dabei selbständig ein bestimmtes Monatspensum, die Lehrer beschränken sich auf Beratung und Kontrolle.

10. Oktober 1932

Liebster Delio,

ich habe gehört, daß Du am Meer warst und wunderschöne Dinge gesehen hast. Ich möchte gern, daß Du mir einen Brief mit der Beschreibung all dieser Schönheiten schickst. Und hast Du neue Lebewesen kennengelernt? Dicht am Meer gibt es ein ganzes Gewimmel von Lebewesen: Krabben, Quallen, Seesterne usw. Vor langer Zeit versprach ich, Dir einige Tiergeschichten zu schreiben, aber dann kam ich nicht dazu. Jetzt will ich es aber versuchen, ein paar zu erzählen. 1. Z. B. die Geschichte vom Fuchs und dem Fohlen. Es scheint, als wüßte der Fuchs, wann ein Fohlen geboren wird, und legt sich auf die Lauer. Und die Stute weiß, daß der Fuchs auf der Lauer liegt. Deshalb beginnt die Mutter, kaum daß das Fohlen geboren ist, im Kreis um das Kleine herumzulaufen, das sich noch nicht bewegen und nicht weglaufen kann, falls ein wildes Tier es anfällt. Auch sieht man auf den Straßen in Sardinien manchmal Pferde ohne Schwanz und Ohren. Warum? Weil der Fuchs, kaum daß sie geboren waren, es auf die eine oder andere Weise doch schaffte, sich heranzumachen und den Schwanz und die noch ganz weichen Ohren abzufressen. Als ich noch klein war, gehörte ein solches Pferd einem alten Händler, der mit Öl, Kerzen und Petroleum handelte und von Ort zu Ort zog, um seine Ware zu verkaufen (es gab damals noch keine Genossenschaften und keine andere Art von Vertriebsorganisationen), aber sonntags legte der Händler seinem Pferd einen künstlichen Schwanz und künstliche Ohren an, damit die Gassenbuben es nicht auslachten. 2. Nun will ich Dir erzählen, wie ich zum erstenmal den Fuchs gesehen habe. Zusammen mit meinen kleinen Brüdern ging ich eines Tages auf ein Feld, das einem Onkel von mir gehörte, wo zwei riesengroße Eichen und ein paar Obstbäume standen.

Wir wollten dort Eicheln sammeln und sie einem kleinen Schwein zu fressen geben. Das Feld lag nicht weit entfernt vom Dorf, aber trotzdem war alles ringsum verlassen und man mußte in ein Tal hinuntersteigen. Kaum waren wir auf dem Feld angekommen, da saß ruhig unter einem Baum ein großer Fuchs, den Schwanz wie eine Fahne erhoben. Er zeigte überhaupt keine Angst. Er zeigte uns die Zähne, aber es schien, als lachte er, anstatt zu drohen. Wir Kinder gerieten in Wut, weil der Fuchs vor uns keine Angst hatte. Er hatte wirklich keine Angst. Wir warfen mit Steinen nach ihm, aber er rührte sich kaum von der Stelle und sah uns dann wieder höhnisch und geduckt an. Wir legten Stöcke an die Schultern und machten alle miteinander: peng!, als ob wir Gewehrschüsse abgäben, aber der Fuchs zeigte uns nur die Zähne und rührte sich kaum. Auf einmal waren richtige Gewehrschüsse zu hören, die irgend jemand in der Umgebung abgegeben hatte. Jetzt erst tat der Fuchs einen Sprung und machte sich schleunigst davon. Mir ist, als sähe ich ihn immer noch, wie er ganz gelb mit erhobenem Schwanz wie ein Blitz über ein Mäuerchen lief und in einem Wäldchen verschwand. Liebster Delio, erzähl Du mir jetzt von Deiner Reise und von all den neuen Sachen, die Du gesehen hast. Ich küsse Dich zusammen mit Giuliano und der Mama Julca.

Antonio

LETT 301

21. März 1933

Liebste Tanja,
ich dachte, ich hätte Dich noch vor diesem Brief sehen und Dir einige Dinge sagen können. Ich informiere Dich ein bißchen detailliert über den Verlauf meiner Krankheit[1] und über die Vermutungen, die ich aufgrund der Erfahrung der Vergangenheit anstelle, die jedoch nicht ganz mit der gegenwärtigen übereinstimmt. Mindestens viermal vor diesem Anfall habe ich unter nervösen Erschöpfungen gelitten: das erstemal 1911–12, das zweitemal 1916–17, das drittemal 1922–23, das viertemal 1927. Ich wurde dabei aber nie bewußtlos und es traten nie andere pathologische Begleitumstände wie diesmal auf. Im Augenblick sind diese Erscheinungen völlig geschwunden (sie waren in den ersten fünf Tagen sehr stark, dann wurden sie von Tag zu Tag etwas schwächer, bis sie nach etwa zehn Ta-

gen verschwunden waren). Geblieben ist die Schwäche, die folgendermaßen auftritt: die Temperatur fällt und steigt zwischen 35,8 und 36,9 und 37 ohne erkenntlichen Grund. Nachts habe ich zwei Anfälle von Schüttelfrost (ich nenne das umgekehrtes Fieber), einen gegen 9 Uhr, den anderen gegen 4 Uhr morgens. Die Temperatur fällt, wie ich Dir schon gesagt habe (einmal auch bis 35,6), und der Körper wird von Zuckungen, von plötzlichen Tics in allen möglichen Körperteilen durchfahren, besonders aber in den Beinen und Armen, und von Zerrungen und Krämpfen. Mir ist, als sei ich ›elektrisiert‹, und jede vorschnelle oder unbeabsichtigte Bewegung ruft eine schnelle Folge von Blutaufwallungen hervor (das Herz schlägt in der Kehle, wie man sagt). Die Beine erlangen jedoch schnell wieder eine gewisse Festigkeit. Ich kann schon allein laufen, ohne mich auf den Arm eines anderen stützen zu müssen, zumindest in meinem Zimmer. – Wie ich Dir schon schrieb, traten bei mir in den ersten Tagen einige seltsame pathologische Erscheinungen auf, an die ich mich teils erinnern kann, teils wurden sie mir von Anwesenden beschrieben. Z. B. sprach ich lange Zeit in einer unverständlichen Sprache, wobei es sich sicher um Sardisch handelte, denn noch bis vor einigen Tagen ertappte ich mich dabei, daß ich sardische Wörter und Sätze unter mein Italienisch mischte. Die Fenster und Wände des Raumes schienen den Augen voller Figuren zu sein, besonders voller Gesichter, die jedoch nichts Erschreckendes hatten, vielmehr verschiedenste Posen einnahmen, z. B. lächelten. Ab und zu schien es hingegen, als bildeten sich in der Luft kompakte, aber doch fließende Massen, die sich anhäuften und auf mich niederstürzten und mich mit einem nervösen Plumps ins Bett zurückweichen ließen. Auf diese Weise hielt die Retina die schon lange vergangenen Bilder fest, und sie überlagerten die neueren. Ich hatte auch akustische Halluzinationen. Wenn ich die Augen schloß, um auszuruhen, hörte ich ganz deutliche Stimmen, die fragten: »Bist du da?«, »Schläfst du?« usw. oder andere abgerissene Wörter. – Das Schlimmste der vergangenen Zeit war die niedrige Temperatur, die Schwäche, d. h. die üblichen und allgemeinen Symptome der zerebralen Anämie. – Liebste, ich habe keine Lust mehr zum Schreiben. Ich habe vielleicht schon zu lange geschrieben, und das hat mich ermüdet. Trotzdem bin ich froh, Dir in dieser Weise geschrieben zu haben, denn mir schien es, daß ich für eine Weile nicht schreiben könnte. Liebste Tanja, ich umarme Dich zärtlich.

Antonio

LETT 335
[1] Am 7. März hatte Gramsci einen schweren arteriosklerotischen Anfall, bei dem er zeitweilig bewegungsunfähig und bewußtlos wurde. Vgl. auch Brief v. 24. 7. 33.

6. Juli 1933

Liebste Tanja,

ich habe gefragt, ob ich Dir diesen Brief außer der Reihe schreiben darf. Ich glaube, daß Du schon zu dieser Stunde meinen Brief vom Sonntag erhalten hast und sehr schmerzlich berührt warst. Ich bin halb verrückt geworden und bin nicht sicher, ob ich es nicht bald ganz werde. Ich bitte Dich inständig, genau das zu beachten, was ich nun schreiben werde: 1. Sieh zu, ob man Dir ein Gespräch sofort nach Empfang dieses Briefs gestattet. Denn ich muß Dich bitten, sofort nach Rom zu fahren, und weil sie ein Abschiedsgespräch gestatten, ist es wahrscheinlich, daß wir miteinander sprechen können. 2. Falls Dir ein Gespräch nicht zugestanden wird, bitte ich Dich, sofort nach Rom zu fahren, ohne aus irgendeinem Grund zu warten und Dich durch irgendwelche Kleinigkeiten oder Nebensächlichkeiten davon abbringen zu lassen. Du mußt einen dringenden Antrag stellen, daß ich sobald wie möglich aus dem Gefängnis in Turi ins Krankenhaus oder in ein anderes Gefängnis komme, wo es Spezialisten gibt, die mich genau untersuchen und feststellen können, von welcher Krankheit ich befallen bin, und Röntgenaufnahmen von meiner Lunge machen, die die Zweifel von Prof. Arcangeli oder des Gefängnisinspektors Dr. Saporiti beheben. Ich bitte Dich, mir zu glauben, daß ich jede Widerstandskraft verloren habe. Die Schmerzen im Gehirn und am Schädel bringen mich um den Verstand. Ebenso hat sich der Gebrauch meiner Hände verschlechtert und verschlechtert sich immer mehr, was nicht allein von der Arteriosklerose herkommen kann. – Heute kam ein Inspektor der Gefängnisverwaltung zu mir und gab mir die feste Zusicherung, daß ich ab jetzt behandelt würde und daß sich der katastrophale Zustand meines Nervensystems, das bei mir erkrankt ist und sich weiter verschlimmert hat, bessern würde. Ich sehe nun keinen Grund, daran zu zweifeln, daß man guten Willens ist, mir zu helfen.

Aber ich glaube aufgrund einer zweijährigen Erfahrung sagen zu können, daß dies ungenügend ist, wenn nicht zuvor eine ernsthafte Untersuchung darüber durchgeführt wird, was mich in derart quälender und inzwischen unerträglicher Weise eigentlich leiden läßt und welche genauen Indikationen von kompetenten und gewissenhaften Ärzten über eine Behandlung gegeben werden. Wenn nicht der Inspektor gekommen wäre, hätte ich selbst den Antrag auf ein Gesuch beim Regierungschef gestellt, denn Du hast gut vier Monate verstreichen lassen, ohne Dich zu entschließen, das zu tun, was ich Dir sofort gesagt hatte, und so hast Du dazu beigetragen, die Zeit gräßlicher Agonie zu verlängern, in der ich bis jetzt gelebt habe. Der Inspektor hat mir zugesichert, daß das Ministerium sich um meinen Fall kümmern will: ich hoffe also, daß eine so einfache Sache wie die Einweisung in ein modern eingerichtetes Gefängnis-Krankenhaus nicht schwierig zu erlangen sein dürfte. Solche Sachen geschehen häufig. Ich kann Dir keine Anweisungen geben, denn ich weiß darüber nichts. Ich habe von Krankenhäusern in Rom und Civitavecchia sprechen hören, aber der Ort interessiert mich wenig. Das einzige, was mich interessiert, ist, aus dieser Hölle herauszukommen, in der ich langsam sterbe. Wenn sie Dich fragen, ob die Übersiedlung von Turi definitiv sein soll oder nicht, so glaube ich nicht, daß Du endgültig darauf antworten mußt. Wichtig ist, daß ich hier fortkomme, ernsthaft und methodisch untersucht und in die Lage versetzt werde, meine zerebrale Anämie mit ein bißchen Ruhe zu kurieren. Dann können sie ja, auch aufgrund des Gutachtens der Ärzte, entscheiden, wohin sie mich schicken wollen. Ich glaube, ich habe Dir das, was Du tun mußt, erklärt. Ich bitte Dich, dies ohne Zögern oder halbe Maßnahmen sofort durchzuführen. – Ich will Dir ein paar Erklärungen zu dem voraufgegangenen Brief geben. Ich wartete ständig auf Deine Abfahrt von Turi. Wenn Du mir sofort nach Deiner Ankunft mitgeteilt hättest, daß Du lange Zeit fortbleibst, hätte ich sofort meine Entscheidungen getroffen und nicht unnütz soviel Zeit verstreichen lassen. Aber das, was mich so erbitterte, war Dein Hinweis auf Prof. Fumaroli und die Schlafmittel: ich hatte Dir erklärt, worum es ging, und Du hattest mir schließlich gesagt, Du seist ›dumm‹ gewesen, das nicht zu verstehen, und dann redest Du wieder von Quadro Nox und anderen Präparaten, die mir überhaupt nicht helfen, wenn sie nicht sogar mein Leiden verschlimmern, indem sie das gewaltsame Aufwachen noch brüsker und verwirrender machen. Gestern habe ich Deine Karte erhalten, auf der Du das, was Dir der Rechtsanwalt geschrieben hat, wiedergibst. Aber auf was bezieht sich das? Im übrigen interessiert es mich nicht, ob das Sondergericht mir einige Jahre meiner Strafe erlassen kann oder nicht. Du machst auf mich den Eindruck eines Zuschauers, der einen Ertrinkenden sieht, und, anstatt ihn aus dem Wasser zu ziehen, sich zuvor darum kümmert, ihm eine neue Ausstattung zu kaufen und ihm lieber einen neuen Beruf zu suchen, in dem er nicht Gefahr läuft, ins Wasser zu fallen. Und inzwischen ist der andere ertrunken. Im übrigen bitte ich Dich, in dem Fall, daß sie Dir nicht das Gespräch erlauben, mir sofort nach Erhalt dieses Briefes zu telegrafieren, ob Du in der Lage bist, das, was ich Dir geschrieben habe, unverzüglich auszuführen. Wenn Du dazu nicht in der Lage bist, werde ich selbst die Sache erledigen, sobald es mir möglich ist und die Formalitäten erledigt sind. Wenn ich nicht in den Zustand geistiger Stumpfheit geraten wäre, in dem ich mich in den vergangenen Monaten befand, hätte ich das selbst schon irgendwie gemacht, und das wäre besser gewesen. Das ist eine Lektion für die Zukunft. Wenn ich daran denke, daß ich selbst Giulia die Fabel vom Mann, der in den Graben gefallen war, geschrieben habe! Ich warte auf eine Antwort von Dir. Ich umarme Dich.

Antonio

LETT 356

24. Juli 1933

Liebste Tanja,
ich habe Deinen Brief vom 20. dieses Monats zusammen mit dem Brief von Giulia erhalten. Ich fühle mich noch nicht imstande, Giulia zu schreiben, denn ich weiß nicht, wo ich anfangen und was ich sagen soll. Ihrem Brief ist zu entnehmen, daß sie über meine Krankheit Bescheid weiß. Hast Du ihr das geschrieben und in welcher Weise? Ich glaube Dir sagen zu können, daß – obwohl ich gesehen habe, wie unsicher solche Feststellungen sind – es mir ein bißchen besser geht. Der Wechsel der Zelle[1] und auch einiger äußerlicher Bedingungen meines Daseins haben mir insoweit geholfen, daß ich wenigstens schlafen kann;

zumindest sind die Umstände beseitigt, die mich am Schlafen hinderten, auch wenn ich müde war, und die mich brüsk aufweckten, wenn ich eingeschlafen war, und mich in Aufregung versetzten. Ich schlafe noch nicht regelmäßig, könnte aber schlafen. Jedenfalls bin ich, auch wenn ich nicht schlafe, nicht sehr erregt. Ich glaube, man muß sich damit zufriedengeben. Ein solch durcheinandergeschüttelter Organismus kann natürlich nicht sofort zur Normalität zurückfinden, und zudem muß der erhöhte Blutdruck von sich aus eine gewisse Schlaflosigkeit hervorrufen. Natürlich muß ich Beruhigungsmittel nehmen, um ein bißchen zu schlafen. So habe ich wieder angefangen, die Mittel zu nehmen, die ich vor dem März nahm, auch das Quadro Nox, von dem Du sehr viel hieltst und das mir jetzt wirklich sehr viel hilft. Also war die Ansicht von Prof. Fumarolo nicht aus der Luft gegriffen, und auch Dein wissenschaftliches Gewissen kann sich beruhigen. In ein paar Tagen werde ich eine Kräftigungskur mit Injektionen auf der Basis von Strychnin und Phosphor beginnen. Der neue Arzt, der mich untersuchte, versicherte mir, daß die Kur mir sehr helfen werde. Er sagte mir, daß meiner Krankheit eine nervöse Erschöpfung zugrundeliegt und die anderen aufgetretenen Erscheinungen funktioneller, aber nicht organischer Natur sind. Wie es scheint, muß man mich auch psychisch behandeln. All das klingt meiner Meinung nach glaubhaft. Ich weiß nicht, ob die Arteriosklerose als eine funktionelle und nicht organische Erscheinung bezeichnet werden kann. In jedem Fall glaube ich, den Blutdruck weniger zu spüren, und sicher haben das Herzklopfen und die Herzschmerzen nachgelassen, vielleicht aufgrund der Wirkung des Elastina, vielleicht, weil ich seit vier oder fünf Tagen ein bißchen geschlafen habe. Nur die Hände tun mir dauernd weh, und ich kann nichts festhalten oder mit einiger Kraft drücken. Was das Psychische angeht, so kann ich nichts sehr Genaues sagen: fest steht, daß ich viele Monate hindurch ohne festes Ziel gelebt habe angesichts der Tatsache, daß ich nicht behandelt wurde und keinen Ausweg aus den Leiden sah, die mich zerstörten. Ich kann nicht sagen, daß dieser Geisteszustand gewichen ist, daß ich also zu der Überzeugung gelangt bin, nicht mehr in derart prekären Umständen zu leben; trotzdem glaube ich, sagen zu können, daß er nicht mehr so bedrückend ist wie früher. Andererseits kann er auch nicht nur durch eine bloße Willensanstrengung beseitig werden. Ich müßte dann zu einer solchen Anstrengung imstande sein oder mich zu dieser Anstrengung anstrengen oder mich anstrengen, mich zu dieser Anstrengung anzustrengen usw. So etwas ist leicht gesagt, aber in der Realität wird jede entschlossene Anstrengung zur quälenden Vorstellung und Erregung. Jetzt, wo es mir besser geht, sagen mir die Leute, die im kritischen Moment meiner Krankheit bei mir waren, in den Momenten des Phantasierens sei eine gewisse Klarheit in dem, was ich von mir gab (das von langen Tiraden in sardischem Dialekt durchsetzt war), gewesen, die darin bestanden habe, daß ich zu sterben glaubte und die Nutzlosigkeit der Religion zu beweisen suchte und befürchtete, der Priester könnte meine Schwäche ausnützen und an mir Zeremonien ausführen oder von mir ausführen lassen, die mir zuwider waren und vor denen ich mich nicht zu schützen wußte. Offenbar habe ich eine ganze Nacht hindurch über die Unsterblichkeit der Seele in einem realistischen und historischen Sinn gesprochen, nämlich wie von einem notwendigen Weiterleben unserer nützlichen und notwendigen Handlungen und ihrer Verkörperung im universalen historischen Prozeß außerhalb unseres Willens usw. Ein Arbeiter aus Grosseto hörte mich, fuhr aus dem Schlaf auf und glaubte wohl, ich sei verrückt geworden, was auch der Gefängniswärter vom Dienst annahm. Trotzdem erinnerte er sich an die Hauptpunkte meines Geredes, die ich immer wiederholte. Liebste, schon die Tatsache, daß ich Dir dies schreibe, zeigt, wie Du siehst, daß ich mich ein bißchen besser fühle. Vielleicht wirst Du es ermöglichen können, mir etwas Quadro Nox zu schicken, das hier nicht zu bekommen ist. Ich umarme Dich zärtlich.

Antonio

LETT 359
1 Gramsci war in eine neue Zelle gebracht worden, wo er vor den ›infernalischen Geräuschen‹ auf den Gefängnisgängen, die ihn in seiner früheren Ziele nicht hatten schlafen lassen, besser geschützt war.

8. August 1933

Liebste Julca,
ich müßte eigentlich Delio schreiben und ihm auf sein Briefchen antworten, das er vor einiger Zeit geschrieben hat. Aber ich habe dazu keine Lust. Du selbst kannst ihm sagen, daß er zwei Bücher geschickt bekommt, die *Dschungelgeschichten,* worin die Geschichte vom weißen

Seehund und von Rikki-Tikki-Tawi enthalten ist, und *Onkel Toms Hütte*. Ich hätte gern gewußt, wie es Delio in den Sinn kam, dies letztere Buch lesen zu wollen und ob dann, wenn er es erhalten hat, jemand da ist, der es ihm historisch erklärt und die Gefühle und die Religiosität, wovon das Buch voll ist, in die damalige Zeit und das damalige Milieu versetzt. Sich für einen Jungen um so etwas zu bemühen (wirklich ernsthaft, versteht sich, und nicht mit den üblichen oberflächlichen Aussagen und Gemeinplätzen), erscheint mir sehr schwierig. Um so mehr, als Du selbst mir nicht dafür sehr geeignet erscheinst. Diese Überzeugung habe ich anhand Deiner Bemerkungen über Tolstois *Krieg und Frieden* und über Leonardos *Abendmahl* gewonnen. Ich bin nicht in der Lage, meine Vorstellungen darüber zusammenhängend und folgerichtig niederzuschreiben. Allgemein jedoch scheint mir, daß Du (und in dieser Angelegenheit nicht nur Du) die Stelle des Untergeordneten und nicht die des Führenden einnimmst, d. h. dessen, der nicht in der Lage ist, die Ideologien historisch zu kritisieren, zu beherrschen, sie zu erklären und zu rechtfertigen als eine historische Notwendigkeit der Vergangenheit, sondern der bei der Berührung mit einer bestimmten Gefühlswelt sich davon angezogen oder abgestoßen fühlt, aber stets im Bereich des Gefühls und der unmittelbaren Leidenschaft verbleibt. Vielleicht fühlst Du deshalb nicht mehr wie früher die Anziehungskraft der Musik. Mir scheint, als müsse in uns eine Katharsis stattfinden, wie die alten Griechen sagten, durch die die Gefühle ›künstlich‹ wiederauferstehen als Schönheit und nicht als miterlittene und noch tätige Leidenschaft. Vielleicht ist das eine Sache, der man noch viel länger nachgehen müßte, aber ich glaube, daß Du auch anhand dieser wenigen Bemerkungen die Sache verstehen mußt. Ich umarme Dich zärtlich.

Antonio

LETT 364

[25. November 1935]

Liebste[1],
ich habe Deine beiden Briefe erhalten. Ich bin ruhiger geworden, seit ich wieder angefangen habe zu schreiben, auch wenn mich das große Mühe kostet und mich für ein paar Stunden (oder ein paar Tage) in einen wenig angenehmen Zustand der Reizbarkeit versetzt. Tanja hat mir

etwas von dem, was Du ihr schriebst, und über die anderen eingetroffenen Nachrichten berichtet. Sie erzählte mir sehr amüsiert, daß Delio den Gedanken gehabt habe, einen Elefanten mit Vaseline einzureiben, weil er wahrscheinlich gehört hatte, daß ihre Haut unter den Zehen rauh ist. Mir kommt es nicht seltsam vor, daß ein Junge daran denkt, einen Elefanten mit Vaseline einzureiben, wenn ich auch nicht glaube, daß ich als Junge solche Ideen gehabt hätte. Sie hat mir auch erzählt, daß Julik alles über mich wissen will: ich denke, das hängt damit zusammen, daß er mein Foto in einem Kulturpark gesehen hat[2]. Liebste, wenn ich an all diese Sachen denke und daran, daß Euer Leben sich nun schon seit soviel Jahren (beinahe ein Viertel meines Lebens und mehr als ein Viertel von Deinem) fern von mir verläuft, dann fühle ich mich nicht sehr froh. Aber man muß weiter aushalten, hart bleiben, versuchen, neue Kraft zu sammeln. Im übrigen war das, was passiert ist, nicht völlig unvorhersehbar. Du erinnerst Dich an so viele Dinge aus der Vergangenheit; erinnerst Du Dich auch daran, als ich Dir sagte, ›ich ziehe in den Krieg‹? Vielleicht war das von mir nicht sehr ernst gemeint, aber es entsprach den Tatsachen, und ich fühlte es auch wirklich so. Und ich hatte Dich sehr, sehr lieb. Sei stark und tu alles, damit es Dir besser geht. Ich umarme Dich zärtlich mit unseren Jungen.

Antonio

LETT 384
[1] An Giulia
[2] In einer Straße in Moskau war ein großes Foto von Gramsci zusammen mit Fotos von anderen Kommunisten und Antifaschisten aufgestellt, die in verschiedenen Ländern eingekerkert waren.

25. Januar 1936

Liebste Julca,

Dein Brief bringt mich in eine schrecklich verlegene Situation. Ich habe mich noch nicht entschlossen, ob ich nun schreiben soll oder nicht. Mir scheint, daß schon das bloße Faktum, daß ich Dir schreibe, einen Zwang auf Deinen Willen ausübt, und wenn ich mich einerseits zutiefst weigere, Dir gegenüber irgendwelchen Zwang auszuüben, auch in diesem, wie es scheint, harmlosen und indirekten Sinn, so denke ich doch (wenn ich kühl überlege), ob nicht manchmal in diesen Angelegenheiten der Zwang notwendig sei und auch sein Gutes habe. Ehrlich gesagt befinde ich mich seit vielen Jahren in dieser Situation, vielleicht schon seit 1926, unmittelbar nach meiner Verhaftung, als meine Existenz brüsk und mit nicht geringer Brutalität in eine von äußeren Kräften bestimmte Richtung gezwungen, die Grenzen meiner Freiheit in mein Inneres verlegt und der Wille bloßer Wille zum Durchhalten wurde. Aber ich will nicht zu sehr von dem Problem abschweifen, das uns im Augenblick interessiert, und das uns interessiert, auch wenn Du davon in Deinem Brief nicht sprichst: Deine Reise, d. h. eine Reise nach Italien für eine bestimmte Zeit, über deren Länge oder Kürze Du selbst entscheiden kannst, bei der Du zu nichts verpflichtet bist und die zum alleinigen Zweck haben muß, daß Du die für ein normales Leben voll tätiger Arbeit notwendigen Kräfte wiedererlangst. Ich glaube, es ist nötig, daß Du Dir selbst ganz vernünftig darüber klar wirst, daß die Reise für Dich, für die Jungen (insofern beim augenblicklichen Stand der Dinge ihre Zukunft wesentlich von Dir und Deiner Arbeitsfähigkeit abhängt) und für viele andere Dinge notwendig ist. Damit Du aber dahin gelangst, mußt Du die Reise in ihrer wahren Natur, von ihrer praktischen Seite und frei von jeglicher krankhaften Sentimentalität betrachten und begreifen, daß sie Dich vielleicht endgültig von einer Vielzahl von Gedanken, Sorgen, unterdrückten Gefühlen und von was weiß ich anderem Ballast befreit. Ich bin Dein Freund, wirklich, und nach zehn Jahren habe ich wahrlich das Bedürfnis, mit Dir von Freund zu Freund zu sprechen, mit großer Freimütigkeit und Vorurteilslosigkeit. Seit zehn Jahren bin ich abgeschnitten von der Welt (welch schrecklichen Eindruck hatte ich im Zug[1], nach sechs Jahren des Anblicks immer der gleichen Dächer, der gleichen Mauern und der gleichen finsteren Gesichter, als ich sah, daß in dieser Zeit die weite Welt fortexistiert hatte mit ihren Wiesen, Wäldern, den einfachen Leuten, den Kinderscharen, bestimmten Bäumen, bestimmten Gärten – aber einen besonderen Eindruck machte es auf mich, als ich mich nach so langer Zeit wieder im Spiegel sah: ich bin sofort wieder zu den Carabinieri zurückgekehrt) ... Denk nicht, ich wollte Mitleid von Dir: ich will nur sagen, daß nach so langer Zeit, so vielen Ereignissen, die mir vielleicht in großem Maße in ihrer wirklichen Bedeutung entgangen sind, nach so vielen Jahren armseligen, bedrückten Lebens, umschlossen vom Dunkel und kleinlicher Misere, es mir sehr nützlich wäre, mit Dir von Freund zu Freund sprechen zu können. Du darfst jetzt aber nicht das Gefühl haben, daß Du Dir wer weiß was für eine Verantwortung aufgeladen hast. Ich denke an einfache Gespräche, wie sie normalerweise unter Freunden stattfinden. Ich bin also völlig davon überzeugt, daß in jeder Hinsicht eine Reise von Dir für uns beide von großem Nutzen wäre. Ich habe mich sehr verändert, wie mir scheint, und auch Du kannst nicht die gleiche geblieben sein. Du darfst Dir nicht um die praktischen Fragen Sorgen machen, ich glaube, sie können gelöst werden. Du kannst ja in Begleitung fahren: Tatjana kann Dir entgegenkommen, so daß Du Dich auf jeden Fall körperlich sicher fühlst, auch wenn Deine Kräfte ein wenig nachlassen sollten. Glaubst Du, die Trennung von den Jungen und Deiner gewohnten Umgebung (6–8 Monate) könnte eine so tragische Sache sein, daß man auf all das andere Gute verzichten müßte, das Dir auf lange Sicht helfen könnte? Ich bin davon überzeugt, daß die positiven Seiten des Unternehmens zahlreicher sind als die negativen, und jetzt wundere ich mich fast, daß ich daran nicht eher gedacht habe (aber ich war wie eine Seidenraupe eingesponnen in ihren Kokon, und mir ist es auch jetzt noch nicht gelungen, mich daraus zu befreien). Vor allem möchte ich, daß Du Dich nicht zu sehr aufregst, sondern die Sache ruhig, von der praktisch-konkreten Seite her und ohne krankhafte Gefühle betrachtest, und ich möchte auch, daß Du ganz allein entscheidest, mit Gelassenheit, ohne Dich von irgend jemandem, auch nicht von mir, beeindrucken zu lassen. Glaubst Du, den Jungen tut es leid zu wissen, daß Du mich besuchen kommst, wenn sie erfahren, daß ich mich infolge höherer Gewalt nicht frei bewegen kann? – Dein Brief beginnt mit einem Satz, der von d'Annunzio[2] zu sein scheint; er gefällt mir nicht sehr. Er enthält auch unvollständige Worte. Du mußtest sehr aufgeregt sein. Ich weiß nicht, ob meine Zärtlichkeit Dich beruhigen könnte. Ich umarme Dich.

Antonio

Der Brief ist ein einziges Durcheinander, aber ich will ihn nicht noch einmal schreiben.

LETT 386
[1] Während der Überführung von Turi in eine Klinik in Formia Ende 1933.
[2] Gabriele d'Annunzio (1863–1938), italienischer Schriftsteller und Nationalist, wurde bekannt durch die von ihm geleitete Besetzung Fiumes im Jahre 1919.

Lieber Delio,
ich habe von Mama Julka gehört, daß mein letzter Brief
(oder auch andere?) Dir ein wenig Kummer bereitet hat.
Warum hast Du mir davon nichts geschrieben? Wenn Dir
irgend etwas in meinen Briefen Kummer bereitet, dann ist
es gut, daß Du mich das wissen läßt und mir die Gründe
dafür angibst. Ich habe Dich sehr lieb und möchte Dir in
keiner Weise weh tun: ich bin so weit von Dir fort und
kann nicht zu Dir zärtlich sein und Dir, wie ich es gern
möchte, helfen, die Probleme, die in Deinem Kopf entstehen, zu lösen. Du mußt mir noch einmal die Frage wie-
derholen, die Du mir einmal zu Tschechow stelltest und
auf die ich nicht antwortete. Ich kann mich daran überhaupt nicht mehr erinnern. Wenn Du annahmst, Tschechow sei ein sozialer Schriftsteller, so hattest Du recht,
aber darauf darfst Du nicht stolz sein, denn schon Ari-
stoteles hatte gesagt, daß alle Menschen in Gesellschaft
lebende Wesen seien. Ich glaube, Du wolltest mehr sagen,
nämlich daß Tschechow eine bestimmte gesellschaftliche
Situation zum Ausdruck brachte, einige Aspekte des Lebens seiner Zeit, und zwar in einer solchen Weise, daß
man ihn als einen ›progressiven‹ Schrifsteller ansehen
muß. Dies ist meine Meinung. Tschechow hat auf seine
Weise und in den von seiner Bildung gegebenen Formen
dazu beigetragen, die Mittelklassen, die Intellektuellen,
die Kleinbürger als Träger russischer Geschichte und ihrer Zukunft zu beseitigen: sie waren der Überzeugung, in
der konkreten Wirklichkeit Protagonisten von wer weiß
welchen wunderbaren Erneuerungen zu sein, und Tschechow zeigte ihnen, wie sie wirklich waren, erbärmlich,
aufgeblasen mit fauligem Gas, Quelle von Komik und
Lächerlichkeit. Was meintest Du? Schreib es mir. Es ist
klar, daß man über Tschechow nicht alles in wenigen Worten sagen kann. – Du beobachtetest, daß die Pionierzeit-
schrift in der Vergangenheit Tolstoj viel Aufmerksamkeit
einräumte und wenig oder fast nicht Gorki. Nun ist Gorki
tot[1], und man empfindet Schmerz über den Verlust, eine
Sache, die nicht ganz stimmt. Aber man muß in jedem
Moment mit kritischem Geist urteilen, und man darf also
nicht vergessen, daß Tolstoj ein Schriftsteller von Welt-
rang war, einer der wenigen Schiftsteller jedes Landes,
der in der Kunst die höchste Vollkommenheit erlangt
und der überall tiefe Empfindungen hervorgerufen hat

und hervorruft, selbst in schlechtesten Übersetzungen, selbst in Männern und Frauen, die von der Mühsal abgestumpft wurden und nur eine primitive Bildung haben: Toltsoj war wirklich ein Träger der Zivilisation und der Schönheit, und in der heutigen Welt hat noch keiner seinen Rang erreicht. Um Gleichrangige zu finden, muß man an Homer und Aischylos, Dante und Shakespeare, Goethe und Cervantes und andere ganz Wenige denken. – Ich bin froh über Deinen Brief, und noch mehr darüber, daß es Dir besser geht, daß Du auf die Mauern kletterst, um die Sonnenfinsternis zu sehen, daß Du badest und Spaziergänge im Wald machst und Italienisch lernst. Auch sich Abhärten ist eine Beschäftigung. Lieber, ich umarme Dich fest.

Papa

LETT 391
1 Gorki war am 18. Juni 1936 gestorben.

[5. Januar 1937]

Liebe Julca,
auch mein Gedächtnis ist nicht sehr gut (in dem Sinne, daß ich die kürzlich geschehenen Dinge vergesse, mich hingegen minuziös an die Sachen erinnere, die vor 10 bis 15 Jahren passiert sind), trotzdem weiß ich ganz genau, daß Du oft nicht auf das antwortest, was ich geschrieben hatte. Aber das ist nicht sehr wichtig. Wichtig ist, daß Du das schreibst, was Dir gerade in den Sinn kommt, ... spontan, d. h. ohne Mühe, leichthin. Ich lese Deine Briefe mehrmals, die erstenmale so, wie man die Briefe derjenigen liest, die einem am liebsten sind, sozusagen ›unbeteiligt‹, d. h. mit dem bloßen Interesse meiner Zärtlichkeit für Dich. Dann lese ich sie ›kritisch‹, um zu erraten, wie es Dir an dem Tag ging, an dem Du schreiben konntest usw. Ich untersuche auch die Schrift, die mehr oder weniger große Sicherheit der Hand usw. Kurz und gut, Deinen Briefen suche ich alle nur möglichen Anzeichen und Bedeutungen zu entnehmen. Glaubst Du, das ist Pedanterie? Ich glaube nicht. Vielleicht ist ein wenig ›Kerkerkrankheit‹ dabei, aber nicht die alte traditionelle Pedanterie, die ich übrigens heute ganz hartnäckig verteidigen würde gegen eine gewisse oberflächliche Leichtfertigkeit und ›Bohème‹, die schon viel Unheil angerichtet hat, anrichtet und noch anrichten wird. Heute gefällt mir ein ›Handbuch des Un-

teroffiziers‹ mehr als die ›Widerspenstigen‹ von Vallès. Schweife ich vielleicht ab?

Übrigens berichtest Du mir sehr gut von den Jungen, und mein ständiges Lamentieren rührt von dem Umstand her, daß es keinerlei Eindruck gibt, sei er auch von Dir, Julca, die ich doch als Teil meiner selbst empfinde, übermittelt, der mir den unmittelbaren Eindruck ersetzen könnte. Glaubst Du, daß Du nicht auch in den Kindern etwas ganz anderes und neues sehen würdest, wenn Du sie zusammen mit mir sähest? Die Jungen selbst wären dann anders, findest Du nicht, ganz ›objektiv‹ verschieden.

Liebe, ich will, daß Du die Mutter in meinem Namen mit großer Zärtlichkeit und vielen Wünschen für ihren Geburtstag umarmst. Ich glaube, Du hast immer gewußt, wie schwierig, sehr schwierig es für mich war, meine Gefühle zu äußern, und das mag viele unerfreuliche Dinge erklären.

In der italienischen Literatur wurde geschrieben, daß wenn Sardinien eine Insel ist, jeder Sarde einer Insel auf der Insel gleicht, und ich erinnere mich an einen sehr komischen Artikel eines Schriftstelles im ›Giornale d'Italia‹, der 1920 auf diese Art meine intellektuellen und politischen Tendenzen erklären wollte. Aber vielleicht ist daran etwas Wahres, soviel, als genügt, um den Akzent zu setzen (den Akzent zu setzen ist wirklich nicht wenig, aber ich will nicht anfangen zu analysieren: ich werde ›grammatikalischer Akzent‹ sagen, und Du kannst Dich darüber von Herzen amüsieren und meine grillenhafte Bescheidenheit bewundern).

Liebe, ich umarme Dich mit all meiner Zärtlichkeit.

Antonio

LETT 405

Reihe Fischer